狭くても
忙しくても
お金がなくても
できる

ていねいな ひとり暮らし

shoko

Instagram nekokoko___

SHARP

MHL.

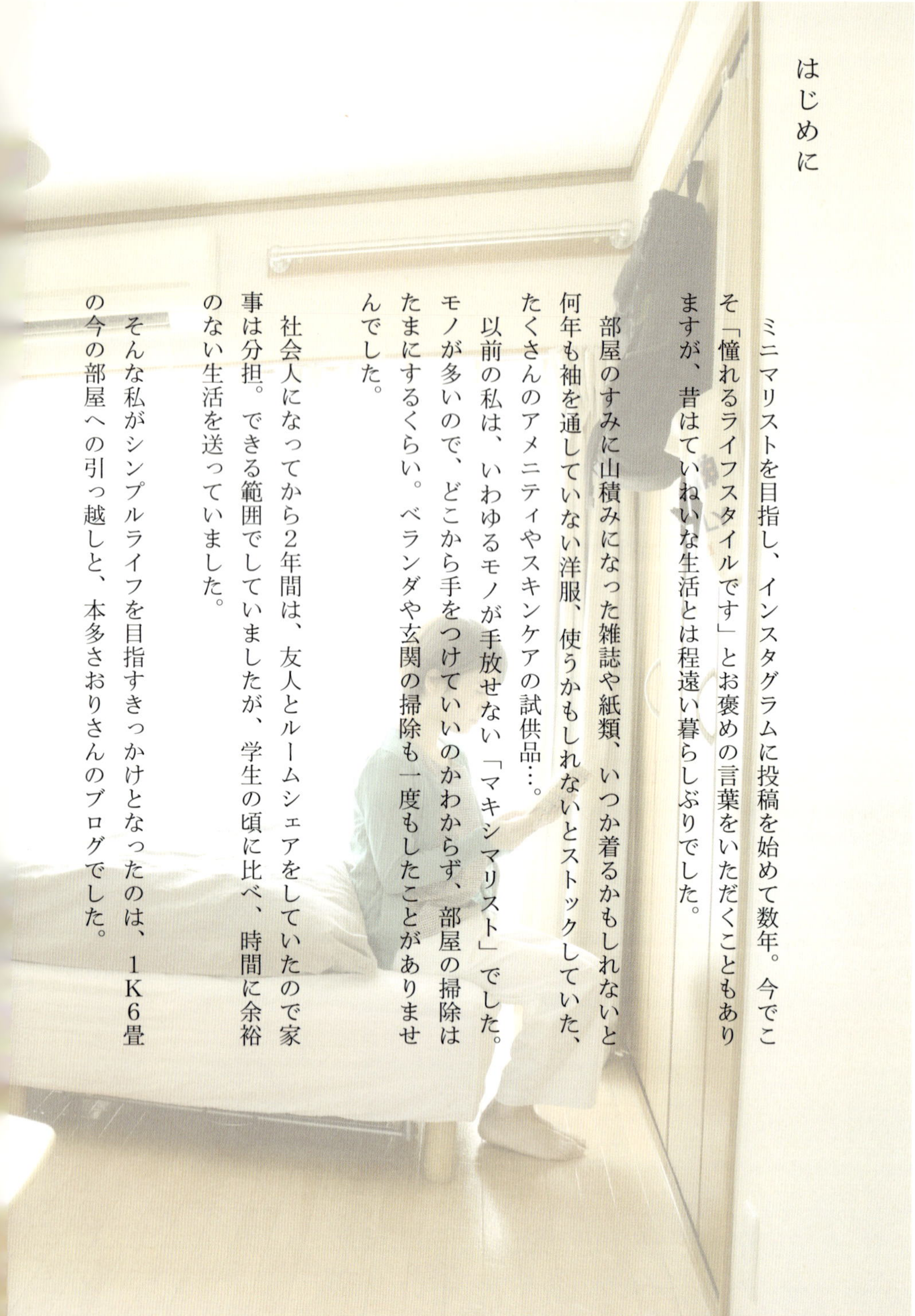

はじめに

ミニマリストを目指し、インスタグラムに投稿を始めて数年。今でこそ「憧れるライフスタイルです」とお褒めの言葉をいただくこともありますが、昔はていねいな生活とは程遠い暮らしぶりでした。

部屋のすみに山積みになった雑誌や紙類、いつか着るかもしれないと何年も袖を通していない洋服、使うかもしれないとストックしていた、たくさんのアメニティやスキンケアの試供品…。

以前の私は、いわゆるモノが手放せない「マキシマリスト」でした。モノが多いので、どこから手をつけていいのかわからず、部屋の掃除はたまにするくらい。ベランダや玄関の掃除も一度もしたことがありませんでした。

社会人になってから2年間は、友人とルームシェアをしていたので家事は分担。できる範囲でしていましたが、学生の頃に比べ、時間に余裕のない生活を送っていました。

そんな私がシンプルライフを目指すきっかけとなったのは、１Ｋ６畳の今の部屋への引っ越しと、本多さおりさんのブログでした。

本多さおりさんの、スッキリとしたお部屋に、ていねいな生活…。私もシンプルで時間にゆとりのある生活を送りたい！　ひとり暮らしを楽しみたい！という思いから、断捨離記録として生活の様子をインスタグラムに投稿するようになりました。

生活を見直して、気づけばモノに対する取捨選択の仕方や時間の過ごし方が変わっていました。

知り合いには「ｓｈｏｋｏさんのように暮らしたいけど、自分には真似できない」と言われることがあります。でも、特別なことはしていません。

親元を離れ10年、いろいろな経験をしてたくさん失敗してきたからこそ、自分らしいライフスタイルを見つけることができたんだと思います。

本書では、インスタグラムで投稿することのなかったワードローブや掃除の仕方、こだわりの調味料や防災グッズにいたるまで、生活のすべてを公開しています。

ごく普通のＯＬの暮らしですが、皆様の生活がよりよいものになるのに、少しでもお役に立てればとてもうれしいです。

ｓｈｏｋｏ

contents

第1章 ひとり暮らしをていねいに楽しみたい

第2章 カンタンなのに美味しい 毎日の食事

第3章 すみずみまで使いこなすキッチン

第4章 狭くても スッキリ見える モノのしまい方

第5章 私のおしゃれと美容・厳選アイテム

第6章 「日々少しずつ」でキレイを保つ掃除

第7章 ワクワクすることを日常に散りばめて

部屋の間取り

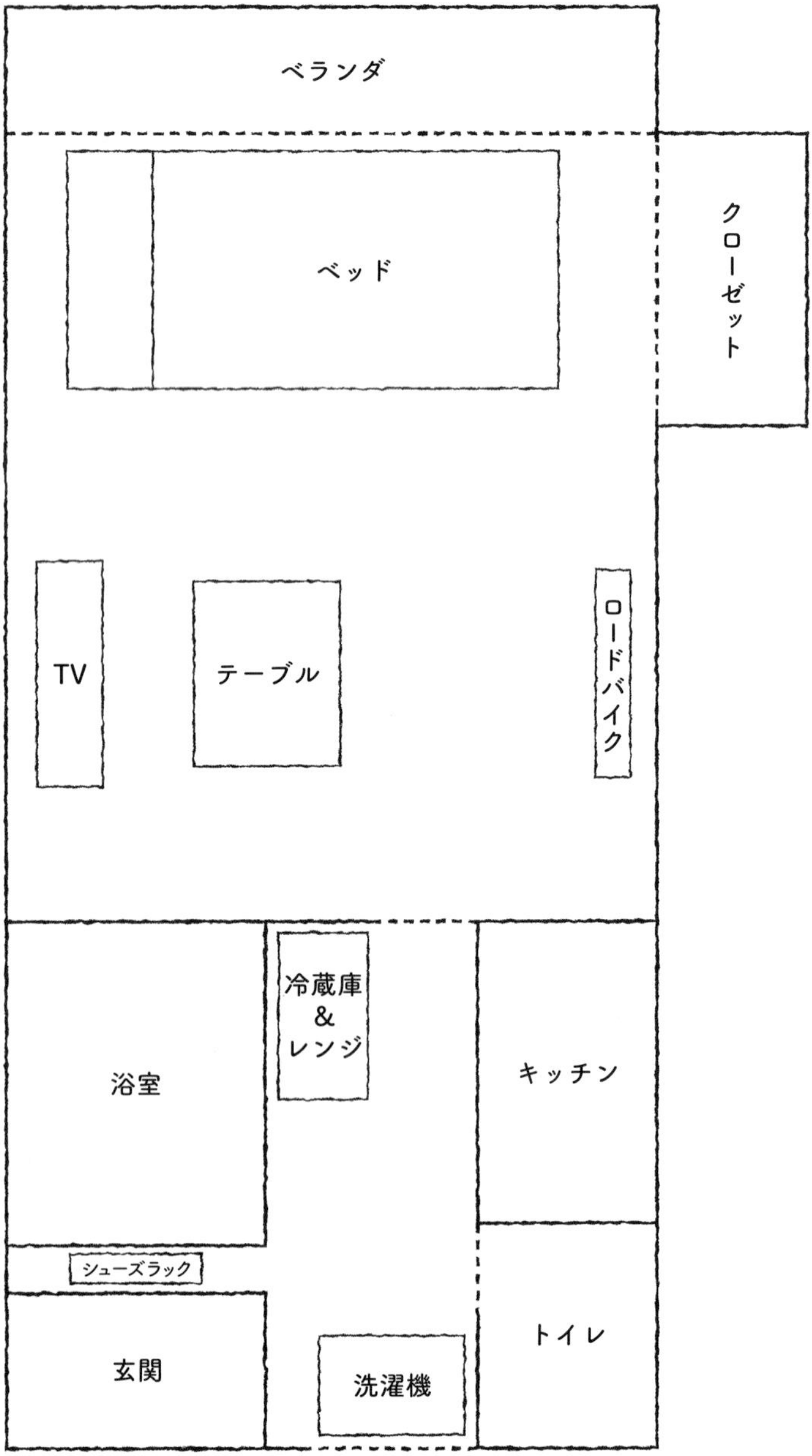
ベランダ
ベッド
クローゼット
TV
テーブル
ロードバイク
冷蔵庫
&
レンジ
浴室
キッチン
シューズラック
トイレ
玄関
洗濯機

第 1 章

ひとり暮らしを
ていねいに
楽しみたい

Room layout

家具が少ないと掃除がしやすく、収納も限られているので物が増えず、スッキリとした空間を保つことができています。

家具は最小限に、床を見せて

「1K6畳」の決して広くはない間取りですが、「スッキリとしていて6畳には見えない！」とよく驚かれます。家具が最小限しかなく、床がたくさん見えるせいでしょうか。

ベッド、テーブル、テレビボードのみ（それとロードバイク）。チェストなどは置いていません。細々した物はすべてクローゼットにしまっています。

また、狭い部屋を広く見せるために、家具はなるべく目線が低くなるものを選んでいます。

引っ越してきた当初は本棚や収納棚を揃えるつもりでした。求職活動をしていて時間もお金もない中、必要最低限の物で暮らしていくうちに、それまでと変わらず生活できていることに気づきました。

ヨガマットは３人は座れます。クッション性があり、足も痛くなりません。ストレッチや筋トレ時にも使用しています。普段はたたんでベッド下に。

Simple

ソファがなくてもくつろげる

ソファや来客用のクッション（座布団）も、我が家にはありません。

たまの来客があるときは、折りたためるヨガマットをラグの代わりに広げています。

以前はソファも持っていました。少し休憩のつもりがそのまま寝落ちしてしまったり、一度座ってしまうとなかなか動けなかったり、洗濯物の一時置き場になってしまったりと、ズボラまっしぐらでした。

今はくつろぎたいときはヨガマットを広げて寝転んだり、ベッドを背もたれにして座ったり、ベッド縁に腰かけて読書をしています。

持っている物、ある物で代用できないか考えるようになってからは、あれこれ買い揃えることがなくなりました。

Room layout

白とグレーのリネンは空間をじゃましない色。出がけにサッとベッドメイキングを。帰ってきたときにホッとします。かけ布団を広げ直し、四隅に揃えるだけでシワも伸びます。

ベッドは窓際の特等席に

部屋の中で一番風通しがよく、日当たりのよい窓際にベッドを置いています。

頑張って早起きはするけれど、朝は苦手な私。

起きぬけに寝ぼけながらカーテンと窓を開け、朝日と風を浴びると、気持ちよく起きられます。

ベッドを窓際に置くと、ベランダへの動線がふさがれてしまいますが、ストレスにならない程度の幅を確保しており、横のクローゼットの開け閉めもちゃんとできます。

しっかりとした生地のカーテンを選んでいるので、冬に寒さを感じて眠れないということも今のところありません。ベッド下は寝ている間の汗で湿気やすいと聞きますが、風通しのよい窓際に置いていることで解決しています。

壁にはドライフラワーのスワッグを

窓際と玄関、テレビボードには花瓶。ドライフラワーは大人しい色味で、どこに飾ってもなじみます。

Decorate cute

2〜3ヵ月に一度、季節に合わせて、名古屋の鶴舞公園近くのドライフラワー専門店「ある日」さんに花を見繕《つくろ》いに行くのが楽しみであり、ちょっとした自分へのご褒美です。

今まで生花、エアプランツなどいろんな植物に手を出しては、ちゃんとお手入れができずに枯らしてきました。ドライフラワーは忘れがちな水やりや花瓶の洗浄がいりません。スワッグ（壁飾り）にして壁に吊るしたり、花瓶に飾るなど見せ方も多様です。

とくに手入れはいりませんが、日が当たると色褪《あ》せしてしまうので、飾る場所には注意が必要です。

こまめに花を買いに行ったりお手入れができない、でもお部屋に花やグリーンを飾りたい！という人にはぜひオススメです。

Table

メインディッシュの他に、小鉢や小皿も並べることで普段の料理も豪華に見えます。
ひとり分なので、洗い物もそれほど多くなりません。

ひとりの食事もお皿を並べて

おしゃれなカフェやごはん屋さんに行くと、お料理はもちろんのこと器もかわいくて、運ばれてきたときから食べるのが楽しみでワクワクしませんか？

おうちでのひとりごはんのときも、食べるのがワクワクするような食卓にしたい！と思ったのが、食器にこだわるようになったきっかけでした。

ワンプレートにしてしまえば、洗い物も少なくて済みます。でも、あえて小皿に分け、どの形や色の食器がいいか盛りつけを考えるのも、料理を楽しむ工夫だと思っています。

今では陶芸が趣味のひとつに。自分好みの器をつくったり、食器を目当てに大阪や東京に行ってしまうくらいこだわっています。お気に入りの器を手にとり、食事をすると、さらに美味しく感じます。

自分のために
コーヒーを
淹れる時間

Comfortable

ハンドミルはオーソドックスなタイプで、上部に豆を入れ、下の引き出しに挽いた豆が出てくるものです。ケトルもコーヒー専用の注ぎやすい形を選びました。

WECKの瓶は、飲み物の色もつきにくく、手入れが簡単で気に入っています。

今年の誕生日に、ずっとほしかったｋａｌｉｔａのハンドミルを、知人からプレゼントしてもらいました。ハンドドリップセットを揃え、憧れだったコーヒーライフを楽しんでいます。

当初、収納場所に悩みましたが、すべて1～2人前の小さなサイズにしたので場所をとりません。冷蔵庫の上に置いています。

アイスコーヒーは1～2日もつので一度に3杯分ほどをつくり、ＷＥＣＫのガラスピッチャーに保存しています。

家事の後や朝出かける前、自分のためにていねいに豆から挽いて淹れるのは、ちょっとした贅沢です。

また、旅行先で、自分のためにコーヒー豆をお土産に買う楽しみもできました。

生クリームが苦手な人にもオススメです。パンケーキの上に水切りヨーグルトをのせ、ハチミツをかければ、今流行のフワフワパンケーキのできあがり。

Hand-made

最近ハマっている水切りヨーグルト

ザルで水を切るだけ
ヨーグルトの水分は「ホエー」といい、栄養たっぷりでそのまま飲んだり、美容パックにも。

私のインスタグラムにはよく水切りヨーグルトが出てきます。水分を抜いた濃厚なヨーグルトです。ザルとボウルをセットして、キッチンペーパーに包んだヨーグルトを入れ、ラップをして一晩置くだけ。

とても簡単なのに、マスカルポーネのような濃厚な味わいのヨーグルトができます。

そのまま食べても美味しいですが、生クリーム代用としてホットケーキにのせたり、フルーツサンドのクリームやレアチーズケーキのクリームチーズの代わりに使用します。

（上）クリームたっぷりのフルーツサンドイッチ
（下）あっさりとした味わいのレアチーズケーキ

（上）リンゴのジャム。砂糖で煮詰め、最後にレモン汁を加えれば、甘いけれどさっぱりした味わいになります。
（下）アップルパイ。市販の冷凍パイシートに、ジャムを包んで焼くだけ。

また、季節の果物を使ったジャムも気が向いたときにつくっています。手づくりだと、甘さの調整や果物のゴロゴロ感を自分好みにつくることができます。サンドイッチやアップルパイのフィリングとしても使っています。

凝ったものはつくれませんが、昔、母がよくおやつを手づくりしてくれたのを思い出し、自分のためにていねいにつくるのが癒しの時間になっています。何より手づくりだと、より美味しく感じます。

ティータイムは本を読んだりインスタグラムをのぞいたり、のんびりと過ごしています。

Early rising

インスタグラムでもよく「#もりもりモーニング」として写真をアップしますが、朝ごはんはたっぷり食べます。1日の活力源です。

朝時間が元気の源

朝は少し早めに起きて洗濯や掃除を済ませ、ごはんを食べてコーヒータイムをとります。出かける前にはささっと掃除機がけをして、部屋を整えてから家を出るのが習慣に。

以前はギリギリに起きてメイクだけを済ませ、朝ごはんは飲むヨーグルトのみ。頭もさえないまま出勤していました。時間に余裕がなかったので、忘れ物も多かったように感じます。

「朝活」をするようになってからは、起きてすぐに家事をしているので、自然とお腹が空くようになりました。

少しの早起きで、時間にも心にも余裕が生まれ、1日を有意義に過ごすことができるようになりました。

Instagram より

#もりもり モーニング

玄関は一番キレイにしたい場所

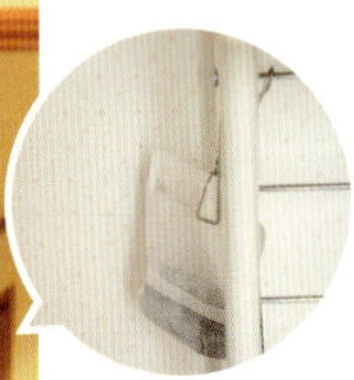

コーヒー豆の消臭剤。ワイヤークリップで吊るして。

あえて扉のないシューズラックにしました。シンプルでスッキリ見えるうえ、「何の靴を持っているか」ひと目でわかるので便利です。

Decorate cute

シューズラックの上の小物たち。腕時計もここに。

シンプルな部屋づくりを目指しているので、キャラクター物のような色味の強い物は普段部屋に置かないようにしています。ただ、玄関には厳選したお気に入りの小物を飾っています。疲れて帰ってきても、玄関を開けてかわいらしい小物たちを見ると、ホッとします。

ドアを開けてすぐにシューズラックを置いていますが、仕切りがないので、靴のにおいが気になるところ。におい対策には消臭剤の代わりに、使ったコーヒー豆を乾燥させてティーバッグに詰めたものを、ラック裏に見えないよう吊るしています。

以前ワークショップで教えてもらった方法で、コーヒー豆には消臭効果があるそうです。帰ってきて、大好きなコーヒー豆がほんのり香るのもお気に入りです。

バケツに入っているのは、エアプランツのスパニッシュモス。月に１回程度水に６時間ほどつける「ソーキング」をすれば、日々の水やりはいりません。

１日に何度も出たくなるベランダ

Balcony

引っ越してきたときに、ベランダはキレイに掃除された状態でした。落ち葉やゴミもなく、排水溝の水垢もありませんでした。

空気の入れ替えのために窓を開けたり、洗濯物を干していると、とても気持ちがいいことに気づきました。洗濯物を干したくなるような環境を維持しようと思ったのが、ベランダ掃除のきっかけです。

風が気持ちいい夕方、窓を開けてベッドに座り、足を投げ出してコーヒーを飲む。ベランダに出て空を眺め、考え事をする…。洗濯物を干すだけの場所ではなく、今では大切な生活エリアとなっています。

見えるものは「白」で統一

マキタのコードレスクリーナー
充電器はクローゼットに。

お風呂セット
シャンプー類のパッケージは、シンプルなボトルに詰め替えて。

シンク回り
キッチンも白で統一。

トイレ
マット類は使わず清潔感を。

Simple

以前はテイストが定まらず、アジアン、ビンテージ、カフェ風など好きなものを中途半端にとり入れた、方向性のよくわからない、ゴチャッとした部屋でした。

引っ越しをすることになって決めていたのが、「白」をテーマカラーにしたシンプルな部屋づくりです。家電（掃除機、テレビ、扇風機）や生活雑貨、お風呂やトイレ。今の私の部屋を見渡すと、白で統一されています。

白なら存在を主張せず、空間をじゃましません。壁の白色にとけこみ、違和感なく部屋になじんでいます。

同じ家具家電の量でも、白だとスッキリ見えて清潔感もあります。汚れが目立つ分、こまめに掃除をする原動力にもなっています。

For housing

（右から）
無印の布製の小物用ホルダー。縦に収納でき、省スペース。
シンク下扉の包丁差しのところに、S字フックで小さめのフライパンと計量カップを収納。
トイレには棚がありません。掃除用具などは、手の届きやすい場所に吊るして収納。

「吊るす収納」をあちこちに

ひとり住まいの部屋の悩みで多いのが、「収納が少ない」ことではないでしょうか。私もクローゼットとシンク以外の収納がほとんどなく、できるだけものを減らしましたが、それでも限度がありました。

そこでとり入れたのが、S字フックやクリップを使った「吊るす収納」です。シンク回りやクローゼット、トイレ、玄関など様々な場所で大活躍しています。

吊るしたいものが多いときは、「使用頻度の高さ」を優先しました。たとえばシンク上であれば、お玉やフライ返し、トングを吊るす収納に。使用頻度が高いと、こまめに洗っているので油ハネも気になりません。料理するときにムダな動作（シンク下を開けて探してとる手間等）も省けます。

第 2 章

カンタンなのに
美味しい
毎日の食事

Self catering

昔から手際がよかったわけではないですが、使い勝手のいい収納や動線を意識して環境を整えるだけでも、ずいぶん段取りよく料理がつくれるようになりました。

節約で始めた自炊、今では楽しんで

朝起きて、コーヒーを飲むためケトルに水を入れて、コンロにセットしてから、朝ごはんの支度にとりかかります。

仕事から帰ってきたら、お弁当箱を洗って夕飯の支度、夕飯を食べ終わったら洗い物をして、翌日の朝ごはんの準備をしたりお茶を沸かしたり。

なにげなく1日を過ごしていても、台所に立つ時間は必ずあります。

節約のために始めた自炊ですが、新しい味つけに挑戦してみたり、母や祖母から教わって実家の味を再現してみたり、友人からレシピを教わってつくってみたりと、発見の多い楽しい時間になっています。

友人を招いて食事や鍋パーティーをするのも、日常の楽しみのひとつです。

常備菜は、お弁当に入れたり、別の日に食べるなど、つくってから時間を置きます。味がしみこむのを想定して、濃いめの味つけにするのがポイントです。

One week menu

つくりおきで平日を回しています

朝起きてから朝ごはんやお弁当の準備をしたり、仕事が終わって帰宅してから夜ごはんづくりにとりかかるのって、すごく大変ですよね。

そんなとき常備菜で1〜2品副菜をまかなって、メインの主菜だけつくると、料理にかかる時間がぐんと短くなります。

何日も同じおかずになって飽きてしまうことを防ぐため、2〜3日で食べきれる量をつくります。ひとつの食材で2〜3品を少量ずつつくるようにすると、ちょうどいいです。

よくつくる常備菜は味玉、きんぴらゴボウ、ジャコと大豆の佃煮など。

常備菜をつくるようになってから、平日も自分のための時間が確保できるようになりました。休日は外食することも多いです。

棒々鶏

酒をまぶしたササミをスチーマーに入れ、1～2分レンジにかけている間に、キュウリを千切り。ゴマドレッシングで和えるだけ。夏場の食欲のないときや、サラダうどんの上にのせて食べると美味しいです。

ニンジンしりしり

ニンジンをスライサーで千切りにし、卵と炒めて味噌で味つけします。スライサーを使うと時短になり、ニンジンが細かいのでさっと火を通すだけで済みます。三色丼の炒り卵の代わりに使うことも。

毎日食べても飽きない定番レシピ

常備菜も時短でちゃちゃっとつくってしまうことが多いので、めんつゆやドレッシングなど、ひとつの調味料で味が決まるものを使うことが多いです。

味つけに失敗することなく、いつも同じ味でつくることができます。

今は感覚でつくれるようになりましたが、ひとり暮らしを始めたばかりの頃はレパートリーもほとんどなく、料理本を買って読んでいました。だいぶ料理も板についてきたかなと思います。

常備菜を毎週つくっていると定番ができてしまい、偏りがちです。旬の食材を使うことで変化をつけるようにしています。

牛肉とゴボウの甘辛煮

あまりがちなゴボウを使ったつくりおきです。ごはんの上にのせ、生卵をかけて「すき焼き風丼」として食べるのもオススメ。

味玉

ゆで卵をめんつゆで一晩漬けるだけの簡単レシピ。卵焼きをつくるのが面倒なときも、お弁当のおかずがすぐできます。

きんぴらゴボウ

万能つくりおき。ゴボウとニンジンは少し厚めに切るほうが、食感を楽しめます。

ジャコと大豆の佃煮

単品でつまむのも美味しいですが、炊き上がったごはんに混ぜるだけでジャコと大豆の混ぜごはんが完成。

A process

1回分の買い出し。これで5～6品つくります。サイクルができてからは平日はあまり料理に時間をかけることなく、また食材も腐らせて捨ててしまうことがなくなりました。

週末まとめ買いして一気に料理

基本的には土日のどちらか、空いている日の朝イチにまとめて食材の買い出しに行き、2〜3日分の常備菜をつくります。

メニューはスーパーで食材を見てから決めるので、少しずつ変わります。簡単なものしかつくらないので、1時間〜1時間半で5〜6品をパパッと仕込みます。

このときに常備菜以外にも、唐揚げ用の冷凍肉を仕込んだり、ごはんを炊いておいて小分けに冷凍をしたり、サラダ用の水菜を切ってタッパーに入れたり、トマトを洗っておいて必要なときにすぐ使える状態に手を加えておきます。

2〜3日分をつくり、水曜（木曜）に2品ぐらいつくり足します。外食することもあるので、平日はこれでほぼ回せています。

つくりおき手順

買い出し
買い出しはエコバッグで。

つくりおき
１品ずつ保存容器に入れます。

展開

朝食
常備菜からきんぴらゴボウを。

昼食（お弁当）
シャケを焼き、常備菜の牛肉とゴボウの甘辛煮などを詰めるだけ。

夕食
メインはブリの照り焼き。小鉢のトマトは、つくり足した常備菜です。

つくり足し
ミニトマトと梅でつくった「トマトの梅肉ハチミツ漬け」。トマトは湯せんして皮をむき、種をとった梅を切って、ハチミツに漬けるだけです。

ガラス製に比べて、プラスチックのタッパーは汚れが落ちづらいので、月に1～2回程度、漂白剤に浸けています。安いものでも少し手入れするだけで長く使えます。

Plastic container

保存容器は重ねられるものを

つくりおきはタッパーに入れ、野菜や肉、魚などを冷凍するときはジップロックに小分けして保存します（冷凍した日を直接袋に書ける）。

タッパーは10年前から使っているガラス製と、百均で買ったプラスチック製を使っています。

ホーローの保存容器にも憧れましたが、常備菜を入れたときに中身に何が入っているかひと目でわかるよう、透明なものを選びました。

また、プラスチック製のタッパーは蓋も容器も重ねてコンパクトに収納できるため、狭いスペースにもバラけずに収納できます（右写真）。

同じ種類のタッパーで揃えておくと、冷蔵庫の中でもキレイに重ねて保存することができます。

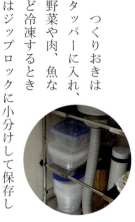

Shopping

粉物は使いきるのが難しいもの。小麦粉は150 gを買っています。これなら使いきれる量で、なおかつ湿気や気温の変化で傷むのも防げます。

野菜も調味料も少なめサイズを選ぶ

ひとり暮らしを始めたばかりの頃は、調味料は一番大きなサイズ、野菜は大袋のものを購入していました。

野菜は使いきれず腐らせてしまったり、醤油が劣化してしまい、半分も使っていないのに捨てたりと、たくさんの失敗を経験してきました。

今は、野菜は1個売り、葉物は小分け売りをしているもの。調味料は一番小さなサイズを買って、賞味期限のうちに使いきるようにしています。

使いきれず捨てることになるくらいなら、少し割高でも新鮮なうちに使いきれるほうが、お財布にも優しいと気づけたからです。

また、少ない量、小さいサイズなら場所をとらず、冷蔵庫もパンパンになりません。

すぐできて美味しい夕食レシピ

夏
Summer

週末ののんびりした日であれば、手の込んだものもつくれますが、平日仕事から帰ってきて夕食をつくるのは大変です。

帰宅して15～30分で夕食を食べ始めたいので、なるべく時間をかけずにつくる

アボカドマグロユッケ丼

材料→アボカド、マグロ、卵黄
味つけ→アボカド、マグロを一口サイズにカットし、市販の焼肉のタレとごま油で和える
火を一切使わないので、夏場の暑いときでもパパッとつくれます。納豆をかけて食べるのもオススメ。

サラダうどん

材料→冷凍うどん、トマト、水菜やキュウリ、ゆでたササミ、ゆで卵（味玉でも可）
味つけ→ごまドレとめんつゆ、ごまドレとポン酢を合わせたタレなど
うどんはゆでて、水で冷やし、水気を切っておきます。ササミを豚しゃぶに変えるとパンチが出ます。

ことを心がけています。

基本的には常備菜を使い回すので、つくるのはメインとなる主菜のみ。下味や野菜のカットは、前日の夜か朝に仕込んでおくので、焼いたり煮込むだけでできあがります。

その季節の旬の野菜や食材を使うようにしています（いまどき年中手に入るものばかりですが）。

一皿で済むのっけ丼や麺類などもよくつくります。

夏はなるべく火を使わない、夏バテで食欲がなくてもつるっと食べられるもの。冬は生姜を使ったり、鍋など体が温まるものをつくることが多いです。

生ハムとイチジクのサラダ

材料→生ハム、モッツァレラチーズ、イチジク
味つけ→オリーブオイルをかけ、塩胡椒、黒胡椒をふる
イチジクの甘さが生ハムのしょっぱさで引き立ちます。

トウモロコシごはん

材料→トウモロコシ1本、お米（2合）
味つけ→塩少々
生のままのトウモロコシの身を包丁でこそげとり、芯もごはんと一緒に炊きます(このとき塩を少し入れる)。芯を入れると旨味を全部お米に移すことができます。お好みでバターや醤油を混ぜると、また違った味つけに。

冬
Winter

ひとり鍋

材料→鶏肉、白菜、ネギ、エノキ、豆腐、あればニンジンや冷蔵庫に残っている野菜
味つけ→水炊きの場合、コンブで出汁をとり、ポン酢で
白菜やネギは斜めに切ると、断面の面積が増えクタクタに煮えます。次の日の朝は残ったスープで雑炊をつくるのも、鍋の醍醐味です。

にゅうめん

材料→そうめん、片栗粉
味つけ→出汁、醤油、みりん、ショウガチューブ
醤油、みりんで味つけをした出汁汁をつくり、ショウガチューブをお好みで入れて、そうめんを入れます。最後に片栗粉で少しトロミをつけ、あさつきや白髪ネギを散らしてできあがり。ショウガを使っているので、ポカポカとします。そうめんなのでゆでる時間もほとんどいらず、5分もかかりません。

サツマイモごはん

材料→サツマイモ１本、お米（２合）
味つけ→塩、みりん、酒
生のままのサツマイモを食べやすい大きさに切って、水にさらし、ごはんと一緒に炊くだけです。サツマイモの甘みがごはんにうつって、簡単に季節の味覚を楽しめます。

ブリの照り焼き

材料→ブリの切り身、ネギ
味つけ→醤油、みりん、酒、砂糖少し
ブリの切り身は調味料に漬け置きして焼くと、中まで火が通る前に焦げてしまったり、身が固くなってしまいます。切り身を焼いてから味つけをすると、ふっくらとします。祖母から教わった知恵です。

ごはんはずっと土鍋炊き

ごはんを炊くのは週に1〜2回、時間があるときに。冷凍保存しています。土鍋はkokon（ココン）。普通の土鍋と違い、無水調理などができます。煮込み料理をするときもありますが、片手鍋よりも時間が少し短く済むようです。

炊飯器は持っておらず、2年間ずっと土鍋でごはんを炊いています。「土鍋ごはん」と聞くと、ハードルが高いように思われがちです。ずっと見張らなければいけないイメージですが、そんなこともありません。

手順さえ覚えてしまえば、蒸らし時間込みで30分以内で完成。とっても美味しいごはんが食べられます。

炊飯器と違って保温機能がないため、一度に2合を炊き、お椀に盛って5〜6食分に分けて冷凍しています。

お恥ずかしいことに、引っ越し当初は家具家電を十分に揃えられる資金がなく、実家にある使っていない土鍋を持ってきたのが始まりでした。

その後友人から、炊飯器を譲ってもらいましたが、結局一度も使わず手放しました。

Miso soup

使っているカツオ節の「宗田節」は高知県の特産品です。鍋に水を入れ沸騰させたら出汁パックを入れ、約３分間置いておくだけ。カツオ節の風味がきいたお出汁ができあがります。

お味噌汁は必ずつける

夏場の暑いときでも、出汁のきいたお味噌が飲みたくなり、ついついつくってしまいます。ひとり暮らしで出汁をいちからとるのは、なかなか手間もかかります。出汁パックだと、顆粒出汁より風味のある出汁をとることができます。

お味噌汁以外にも、白出汁だけで味つけする簡単お吸い物や、トマトと卵の中華スープもよくつくります。汁物は１食分だけつくるのは難しいので、朝つくって残りをスープジャーに入れてお昼に持って行ったり、夜ごはんにも回します。

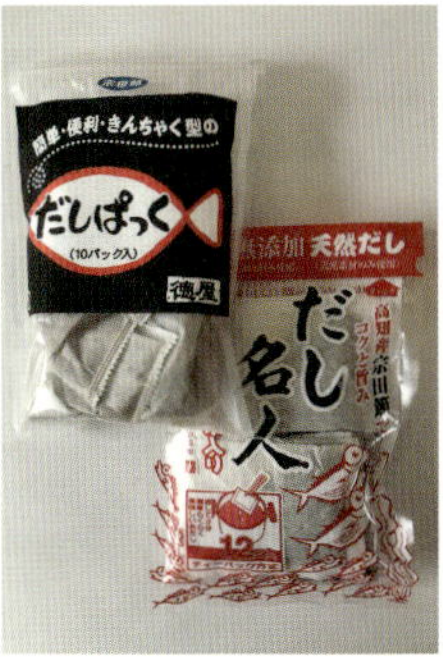

１パックでだいたい１～２杯分のお味噌汁がつくれます。左が10パック、右が12パック入り。

Bento

職場にはほぼ毎日お弁当を持って行きます。節約になるのはもちろん、外に出かける手間や時間も省けるので、ゆっくりランチを楽しむことができます。スープジャーは、５年前に購入したボルダーのもの。スリムサイズでカバンに入れやすいです。

詰めるだけのお弁当なら続けられる

お弁当は卵焼きやウインナー、シャケを焼いて常備菜を詰めるだけの、所要時間10分程度のものです。

季節によって、お弁当のお供を変えます。夏は保冷バッグと保冷剤、凍らせたゼリー等を、冬はスープジャーに温かい汁物を入れて持って行きます。

タンブラーは保温保冷ができるスターバックスのもの。お弁当用のお箸は、普段使っているお箸を持って行っています。箸袋はこれまで気に入るものがなく、ジップロックに入れていました。今は友人が三重のお土産でくれたものを使っています。布製なので、スプーンやフォークも包めるのがお気に入りです。

ある日のお弁当

01

02

03

04

05

06

01 ゆかりおにぎりシソ巻き／きんぴらニンジン／和風ポテサラ／味玉／豚の生姜焼き
02 ゆかりご飯／焼きジャケ／小ネギ入り卵焼き／ヒジキの煮物／カボチャの煮つけ
03 卵焼き／ウインナー／白ごはんと塩コンブ／きんぴらニンジン／ポテサラ／ミカン
04 アスパラとニンジンのベーコン巻き／シシトウのおかか炒め／カボチャのサラダ／ウインナー／プリン
05 サラダパスタ／ニンジンのマリネ／ホウレンソウのゴマ和え／野菜炒め（ピーマンは、友人の家庭菜園から）
06 カボチャサラダ／シシトウのひき肉炒め／味玉／切り干しダイコン

毎回レタスとミニトマトは入れます。常備菜をつくるようになってから冷凍食品をほとんど買わなくなりました。

だしが良くでる宗田節

市販の醤油を入れ、１～２週間ほど寝かすと、出汁醤油ができあがります。冷や奴、卵かけごはんによく使います。継ぎ足して1年ほど使うことができます。

ポン酢しょうゆ　ゆずの村　馬路村

柚子の香りと味がしっかりとあり、ポン酢の酸味が苦手な人にはオススメです。水炊きや湯豆腐は必ずこのポン酢を使います。

お気に入り調味料・故郷の味

小さな頃から慣れ親しんだ味噌やポン酢。出汁のきいた調味料が多いので、和食のときに使うことが多いです。

いろいろな味噌や調味料も試してみましたが、やはり慣れ親しんだ味には勝てません。故郷を離れても、地元の調味料を使った料理を食べるとホッとします。

土佐かつお　だし入みそ　こじゃんとうまい！

実家でずっと使っていたので、味噌といえばこれです。出汁が入っているので、時間のないときや面倒なときは、そのまま味噌を溶かすだけのことも。

宗田だし　にんじんドレッシング

ニンジンのシャキシャキ感が楽しめるドレッシング。宗田出汁がきいているおかげか、見た目よりニンジンの臭みはありません。ドレッシング以外でも、カルパッチョや肉、魚にかけても美味しいです。

焼きみそ　高知屋

シイタケ、ニンジン、ゴボウがゴロッと入っている甘辛い味噌です。ごはんと一緒に食べたり、キュウリの叩きや、野菜スティックのディップ代わり、冷や奴にのせたり、焼きナスにつけて田楽風など。

卵かけご飯専用　極上宗田節

普通のカツオ節よりもフワッとしていて、口に入れると溶けるような食感です。シンプルな卵かけごはんが、贅沢な1品に。

ニンニク醤油（自家製）

ひとり暮らしでニンニクを買うとなかなか使いきれないので、余ったニンニクを醤油に漬けます。唐揚げの下味やチャーハンに使えます。

つくりおきの保存容器を、そのままお弁当箱にして。この日はピクニックに出かけました。

第3章

すみずみまで使いこなすキッチン

よく使うものは あえてしまわない

Kitchen

毎日料理をするにあたって、台所は使い勝手のよさを優先したい場所です。

たとえば、油はボトルのまま使用すると出過ぎてしまったり、液だれしてベトベトしてしまうため、オイル入れに移し替え、使うときは付属ブラシで油を引くようにしています（油をたくさん使う揚げ物などはボトルから使用します）。

あまり使わない調味料は冷蔵庫やシンク下に収納しています。

また、広くてスッキリ見えるように、コンロや鍋やケトルを置きっぱなしにしないようにしています。

コンロ回りは油が気になります。料理した都度、布巾でサッと拭くだけで、ベタつきはなくなります。

自炊のモチベーションを上げるためにも、使った後はキレイにしておくことを心がけています。

カトラリースタンドはステンレス製。熱に強く、手入れもしやすいです。菜箸や木べらなど、よく使うものを入れています。

味塩胡椒とブラックペッパーは瓶詰めのままパッケージを外して置いています。砂糖と塩はWECKのキャニスターに入れ替えています。

レンジフードのへりに長めのS字フックをかけ、お玉やフライ返しをかけています。カトラリーに立てると大きすぎるものを。

和食をよくつくるので、醤油・みりん・酒は卓上調味料入れに移し替え、シンク近くにまとめています。右はオイル入れ。

水回りは「吊り下げ」で衛生的に

Sink

シンクはすぐに作業にとりかかれるよう、なるべく何も置かないようにしています。

水回りは吊り下げ収納をしています。

吊り下げておくと省スペースでじゃまになりません。まな板やタワシ、スポンジは早く乾くため、衛生的にもいいです。

吊るしていてもなるべくスッキリと見えるよう、色は白やナチュラルなものを、デザインもシンプルなものを選ぶようにしています。

奥の食器用洗剤は、パッケージを外して使っています。

キッチンペーパーは吊り戸棚の下に。左サイドを壁に当てているので、使っている最中にバーから抜けることもありません。

水切りトレー

ニトリで購入した、スライド式のもの。ニトリにはひとり暮らし用の便利なものが多く売られています。

まな板

軽いですが、しっかり厚みはあり、肉や野菜も切りやすいです。白さを保つために漂白をまめにしています。

食器用スポンジ

スポンジは菌が増殖しやすいと聞くので、スポンジを覆ってしまわない置き場にし、乾きやすいようにしています。

小物の掃除道具

白いカゴに入っているのはコーヒーミル専用のブラシ。シンク掃除用のメラミンスポンジも入っています。隣はタワシと、タンブラーなどを洗う用のブラシ。

Cutting board

手前で食材を切って、切ったものは奥に送っていきます。コンロとの間のスペースに、ボウルやお皿を置いて調理します。

狭い調理スペースを上手に使う工夫

ひとり暮らしの住まいだとキッチンも狭く、料理がしづらいと感じる人も多いのではないでしょうか。

私のキッチンも決して広くはなく、まな板を置くスペースがありません。

引っ越し当初はまな板が置ける作業台を買おうかとも思いましたが、そのスペースもなかったので、シンクに水切りトレーを横に渡し、まな板はその上に縦に置いています。

包丁で食材を切っていると、まな板が動いてしまうので、布巾を敷いて滑り止めの役割をさせています。

狭いですが、ひとり分の食事をつくるには十分なスペースです。今のところ、不便を感じていません。

吊り棚の左側には布巾、右側にはリネンを。無印良品の「落ちワタふきん」をずっと愛用していますが、吸水性がよく、12枚で500円前後というコスパが魅力的。１日に３～４枚は使うため、足りないことも。同じものをどんどん使うので、まとめておくと管理がラクです。
（左下）布巾は吊り下げたままのほうが、食器をキレイに拭きあげることができます。

Kitchen towels

布巾はすぐ手の届くところに何枚も

台所用布巾は全部で12枚。多いようにも感じますが、食器拭き、台拭き、ちょっとしたコンロ回りやシンクの汚れ掃除、シンク下の食器棚・電子レンジ・冷蔵庫の拭き掃除、すべて同じ布巾で行います。

こまめに洗っていても、使い続けているとにおいや汚れが気になるので、時々煮洗いをしています。鍋にお湯を沸かし、その中に布巾を入れて5～20分煮るだけ。

軽い汚れには重曹、がんこ汚れには洗濯用粉洗剤を入れています。煮洗いのあとは洗濯機で洗い、干しておしまいです。

簡単なのに殺菌効果があり、においや汚れがとれて、買ったばかりの白さが戻ります。

Cabinet

吊り戸棚を奥まで使いきる方法

私は背が低いので、吊り戸棚には比較的使用頻度が低いものを収納しています。

上段には季節もののカセットコンロや鍋、キッチンペーパーや換気扇フィルターなどのストック類、来客用の紙コップや紙皿。これらは椅子を使わないととり出せませんが、めったに使うことがないので面倒ではありません。

下段はなんとか手を伸ばせば届くので、上段に比べると使用頻度の高いものたちばかりです（サランラップやアルミホイル、アルコールスプレーなど）。

右の収納ボックスはゴミ袋等を入れていて、すぐとり出せるよう取っ手がついているものを選びました。左側には吊り棚を。少ない収納スペースを最大限活用しています。

吊りカゴには計り器、すりおろし器、シリコンスチーマー、油凝固剤を入れています。

キッチン回りの消耗品はなるべくこのボックスに。ゴミ袋や排水ネット、メラミンスポンジのストックなど。メラミンスポンジは、包丁で小さく切って使います。

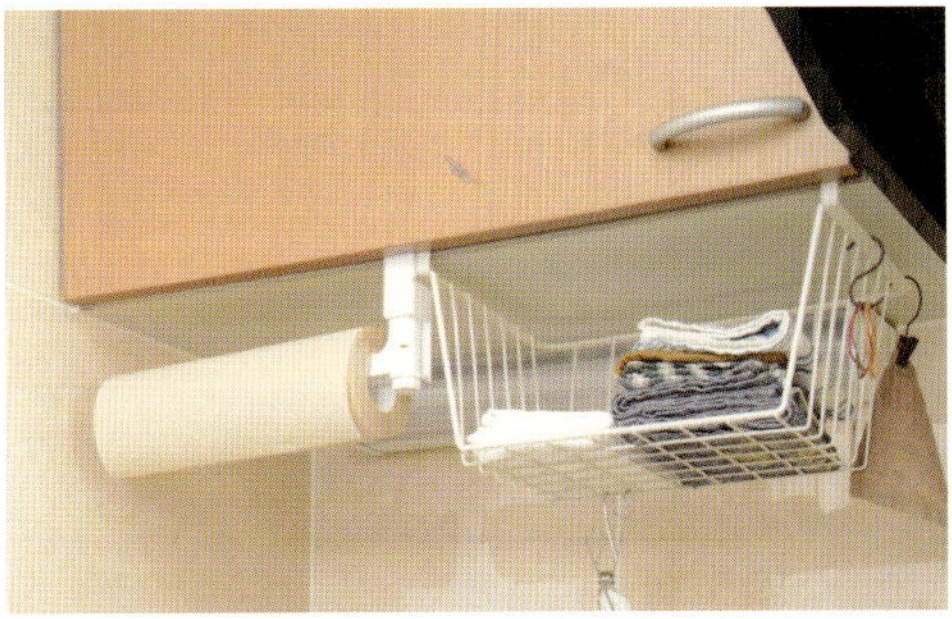

キッチンペーパーのバーと布巾のフック部分は、扉の開閉にじゃまにならない仕組みです。

Under the sink

ラックを区切りにして、右側には調理器具や調味料、左側には食器類や保存容器、コーヒー豆などを収納しています。

シンク下の収納全公開

シンク下には、調理に使うものをほとんど収めています。右側はコンロ下になるので、料理中もパッととり出せるよう、フライパンや調味料を置いています。

調味料は無印良品のメイクボックスにまとめて収納しています。

鍋蓋の収納に困っていました。鍋に蓋をした状態で置いていましたが、鍋だけを使いたいときには、わざわざ蓋を外さなければなりません。大した手間ではないものの、毎回となると不便です。

鍋蓋収納についていろいろと調べ、扉裏にフックをとりつけて蓋をかけることにしました。

見た目よく、省スペースで収納ができ、使いたいときはすぐ手が届くのでとても便利です。

シンク下——右側

白いラックは備えつけのもの。鍋やフライパン、ザルやボウル・トレー、調味料を置いています。

奥には醤油類のストック、缶詰、出汁パック、ボトルに入れたパスタなどを置いています。

クリップのついたフックで、使いかけの顆粒出汁などを吊るして収納。いつも一度に使い切れず、どこかに置き忘れて、また新しい袋を開け…をくり返していましたが、この方法で解決しました。

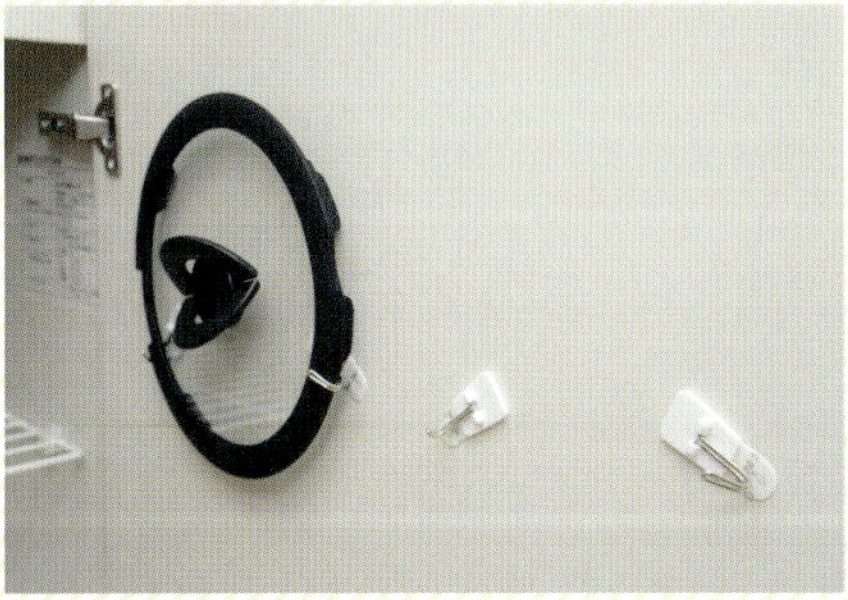

取り外し可能な粘着フックをななめにつけて。粘着力があるので、落ちてくることはありません。

シンク下の左側には、ニトリのステンレスラックを置いています。水道管をまたいで設置できるので、デッドスペースを一切つくらないすぐれもの。

上段にはマグカップや湯のみ、カトラリー。中段には食器。

食器棚がないので、食器類はここにすべて入れています。食器は多いほうですが、この棚に置ける分だけなので、必然的にこれ以上は増えません。下段には米びつ、土鍋、無印良品のキャニスターに入れた麦茶パックとコーヒー豆を置いています。

米びつもニトリのものなので、ラック下にぴったり収納できます。後ろにキャスターがついており、とり出しもスムーズに行えます。

5kg入る米びつ。ひとり暮らしには十分なサイズです。エステーの「米糖番」というゼリー状の唐辛子で虫除けしています。

コーヒー豆と麦茶パックは風味が命。密閉できる瓶に。

シンク下──左側

ラックの棚板は自由に組み替え可能。棚を入れたことで、全部で３段の収納になりました。

重い物を一番下に入れるようにしています。お皿は真ん中がとり出しやすいです。

私が持っているすべての食器類です。だいたい２組ずつあります。

(右ページ)カトラリーは２組ずつ持っています。右下はお気に入りの箸置き。本物のレンコンみたいでかわいいです。

調理器具は一器多用でもっと絞れるかもしれませんが、私にはこれだけ必要です。

Kitchen-ware

どれもフル稼働の調理器具たち

キッチンに立ちたくなる工夫として、調理器具は使い勝手がよく、かつスタイリッシュなものを選ぶようにしています。

フライパンはテフロン加工が剥がれ、目玉焼きもくっついてしまっていました。そこで、ティファールの「取っ手のとれる」シリーズに、鍋とフライパンを新調。

取っ手をとれば収納がコンパクトにできるのはもちろん、付属でシールリッド（一時保存用の蓋）がついているので、お味噌汁やカレーなど食べきれなかった場合に蓋をして、そのまま冷蔵庫で保存ができます。食卓にもそのまま出せるのが魅力的。

使ってみるととても便利で、料理をするのが楽しみになっています。

ザルは小サイズを１つ、ボウルは小が１つ、中が２つ、大が１つ。バットと網が１セットです。

おろし器・スライサー・千切り・つま切りがセットになっているもの。重ねてコンパクトに収納できます。ザク切り以外は、このセットで野菜の準備を終えられます。包丁より早くキレイに切れるため、時短に。

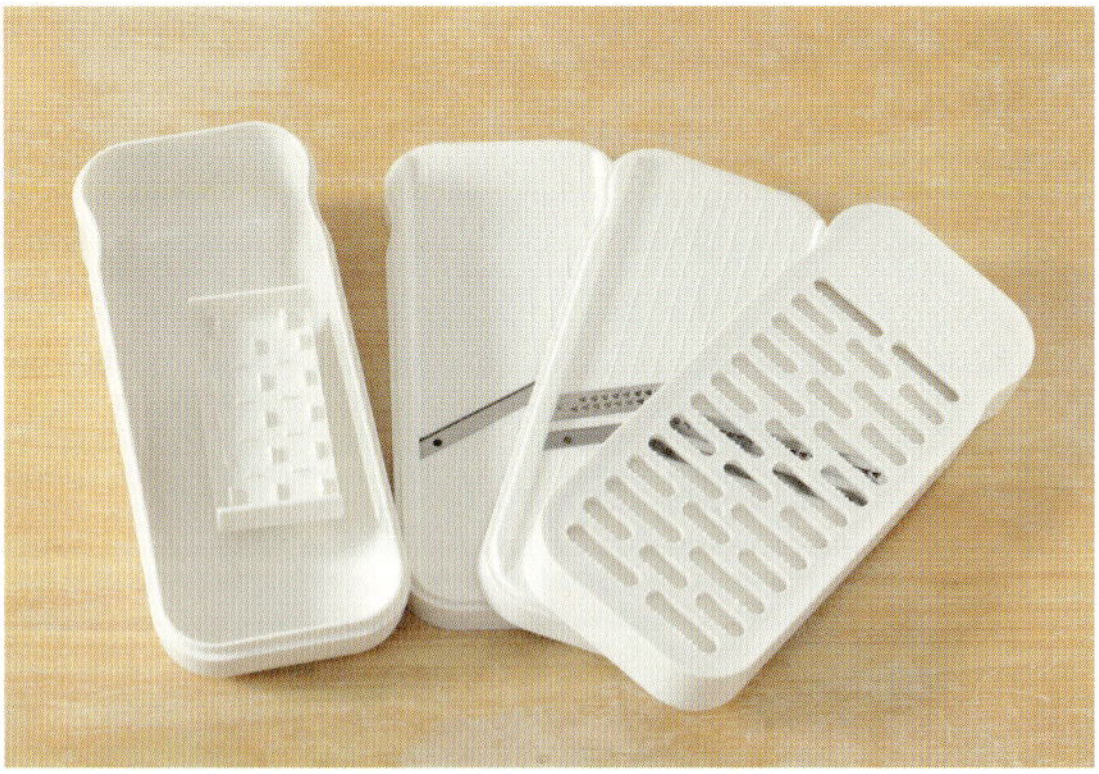

ティファールセットは、16cm、20cmの鍋と、22cmのフライパンです。シリコンスチーマーはひとり暮らしにはちょうどよい小さめサイズ。野菜や鶏肉を蒸すときに電子レンジでできるため、二口しかコンロがない我が家では大活躍です。

Fried eggs

ambaiでつくった卵焼きは、他のフライパンでつくるよりも少ない卵の量で、厚みのあるフワフワの卵焼きになります。

やっと手に入れた、念願の卵焼き器

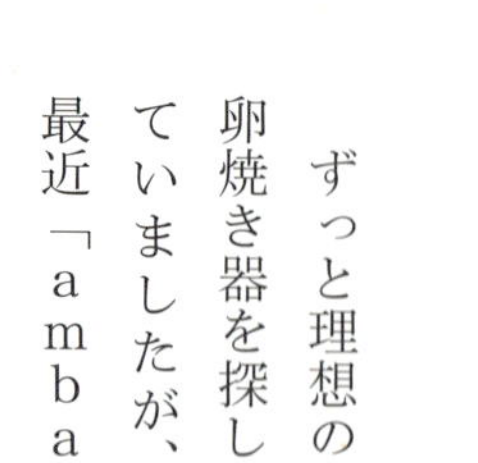

ずっと理想の卵焼き器を探していましたが、最近「ambai」(右下写真)を見つけました。シンプルなフォルム、コンパクトなサイズ(卵1個でも卵焼きがつくれる)、鉄製なのでしっかりと手入れをすれば一生使えるというものです。

卵焼き以外にもソーセージなどちょっとしたものを焼くのにも使えます。鉄で熱伝導が均一になるためか、フワフワな卵焼きをつくれます。

お手入れの仕方は鉄フライパンとほぼ同じで、洗剤を使わないでタワシでこすり洗い。その後火にかけて水分を飛ばし、油を引いておきます。最初は手間でしたが、慣れればなんということはありません。

お気に入りのイイホシユミコさんの食器たち。シンプルなデザインと、少し凹凸感のある手触りが大好きです。
（左下）自分でつくった食器類です。使う食器類を全部手づくりにするのが夢。

Tableware

食器はひとつずつ揃えてきました

ひとり暮らしにしては食器は多いほうですが、ひとつひとつ実際に手にとり、「どんな料理をのせようかな」と考えながら購入しています。

器にこだわるようになってから、より愛着の持てる食器がほしくなり、昨年から陶芸も始めました。茶碗、湯のみ、小皿は手づくりしたものを使っています。

収納スペースも限られているので、数はあまり増やさないように気をつけているつもりですが、友人を招いて食事会をしたり、将来家庭を持っても使えるよう、2枚セットで揃えています。

冷蔵庫の中はあまり積み重ねないようにします。タッパーも2段までにすれば、奥に置いたものがちゃんと見えます。

金曜日には空っぽになる冷蔵庫

ドアポケットには麦茶やアイスコーヒー、冷蔵保存の調味料など。収納できるサイズを選んで。

Refriger-ator

以前は冷蔵庫の中をちゃんと把握できておらず、気づいたら賞味期限の切れた調味料やドレッシングがあったり、シワシワになった野菜が出てきたりと失敗をたくさんしてきました。

今は1週間以内に消費できる量しか食材を買わないようにし、週末には冷蔵庫が空っぽになるようにしています。

また、冷蔵庫の配置で管理をしています。上段には味噌やバターなど比較的賞味期限が長いもの。中段には納豆など1週間前後のもの。下段には常備菜やヨーグルト、なるべく早く消費したいものを。

下段と野菜室を中心に、残っているものを見ながら料理をしたり、お弁当に詰めていると、食材を腐らせてしまうことはなくなりました。

ゴミ箱は存在感のないものに

Garbage can

ラックにかけてある麻袋は、根菜などの保存用袋。買い物に行くときにパッと手にとりやすいよう、エコバッグは冷蔵庫横に。

20Ｌサイズのゴミ袋。小さめサイズだとゴミ出しもラクです。

シンクのすぐ後ろに冷蔵庫があり、人ひとり通るくらいのスペースしかない我が家。可燃不燃それぞれダストボックスを置くと、かなりじゃまになってしまうので、ラックに袋をかけるだけの簡易のものにしています。

ゴミ袋が出しっ放しの状態ですが、目線を低くしているため、玄関から見てもあまり気になりません。

箱形と違って、存在感がないのも助かります。

においが気になる夏場は、生ゴミは袋を二重にし、重曹をゴミ袋に振り入れて消臭しています。

また、ひとり暮らしなのでさほどゴミの量もなく、ゴミ袋は20Ｌサイズで十分です。

第4章

狭くても
スッキリ見える
モノのしまい方

衣替えのタイミングでは、１年に１～２回しか着ていなかったり、一度も袖を通していなければ潔く手放すようにしています。「いつか着る」はほぼ着ないことが多いからです。

Check

定期的にモノの量をチェック

気をつけていても、生活していればモノは増えていきます。衣替えのタイミングや、「最近モノが多いな」と感じたとき、見直しをするようにしています。

一度全部出してみて、同じようなモノはないか、最近使っているかどうか、何かで代用できないか検討します。

とくに増えやすいのが洋服です。1着買ったら1着手放すようにしています。「今持っている服を手放してまでほしいか」を考えるので、衝動買いを抑えられるようになりました。

写真を撮っておくと、自分の持ち物を把握でき、着回しを考えたり、同じようなモノを持っていないか考えやすくなります。

「飾る収納」を部屋のアクセントに

my place

部屋にはなるべくモノを置かないようにしていますが、よく使うものは、しまい込むと探したりとり出しづらくなります。デザイン性が高く、部屋のワンポイントになるようなものなら、あえて見せる・飾る収納にしています。

たとえばリュックやトートバッグ、ロードバイク、シューズラックの靴や傘です。

リュックは型崩れが気になり、クローゼットの中での収納を難しく感じていたため、思いきって飾ってみました。ロードバイクのアウトドア感と合って、飾っていても部屋の雰囲気を壊すことはありません。

シューズラックがもともと見せるタイプのものだったので、自然と飾っておいてもいい、お気に入りの靴だけに厳選されました。

クローゼットにすべてを収める

For housing

大きなクローゼットは、今の部屋を決めるときのポイントでした。

生活空間となる部屋になるべくモノを置かないようにしたかったので、洋服や本、日用品のストック、季節物、そのほかの細々としたモノはすべてクローゼットに収納しています。

今でこそスッキリしていて、上段はスペースに余裕がありますが、引っ越し当初はダンボール3箱分の本やCDを詰め込んでいて、クローゼットを開けるとモノが落ちてくるような状態でした。

いかに収納道具を使おうかと悩んでいましたが、結局、収納用品はひとつも購入していません。

礼服や冬のコートなど、ポールにかけたほうがキレイに収納できるものはかけますが、基本的に洋服はたたんでポリプロペンの引き出しに収納するようにしています。クローゼットの扉を開けたとき、なるべくスッキリ見えるようにするためです。

本やケア用品など、普段手にとることが多いものは上段に置いて、すぐ使えるように。下段は衣装ケースや引き出し、ランドリーグッズや掃除道具、日用品のストックなど、なるべく視覚的に隠したいものを置くようにしています。

断捨離をして引っ越してきたときよりもモノが少なくなり、空間に少し余裕を持たせることができるようになりました。モノを動かしてとる作業がなくなり、ストレスが減りました。

昔はなんでもかんでもクローゼットに押し込んでいたので、「あったはず」で全部モノを出して探していました。今は、どこに何があるのかほぼ完璧に把握できているので、そのようなこともありません。

小説や実用書、語学勉強用の本などを右奥に。何度かの断捨離を経てこの量に。

ネイルで使う道具類。マニキュアは2色。

アクセサリーケース。透明で中身が見えるので、箱の中で迷子になりません。

スキンケアからメイクまで一式、化粧道具はこのボックスに。

クローゼット全公開

手提げバッグは、コーチとカゴバッグの２つのみ。シーンによって使い分け。

余分に持っているハンガーは、翌日着る服をかけたり、洗濯に使ったり。

靴下などの小物類を入れています。

畳んで収納しづらいワンピースやアウター類をかけています。

ピンチやハンガー類。すべて収納できるサイズのボックスを購入。

バスタオル、ハンドタオル、ドライヤーを布製ボックスに入れて収納。

ブリキのバケツは、主に靴を洗ったり、ベランダ掃除のときに使用。

扉に隠れて見えませんが、アイロンはパッととり出せてすぐ使えるようにそのまま置いています。

工具やガムテープなどはボックスにまとめて。

浴衣や厚手のニットなど、季節限定の衣類はこの中に。

実家にあった引き出し。３段重ねて使っています。

圧縮した毛布と、手前には寝袋。

Clothing

右側の空いているスペースで、物を広げたり、ちょっとした作業をすることもできます。ちょうど腰の高さなので、立ったままでもとくに問題はありません。

クローゼット上段には空きを確保

以前は扉を閉めれば見えないからと、ダンボールや衣類をたくさん詰め込んでいました。

何がどこにあるのかすぐにわからない、ゴチャッとした、見たくない場所でした。

シンプルライフを目指し始めて断捨離を進めていくうちに、モノが詰め込まれていたときよりも、必要なモノがすぐ見つかり、とり出しやすくなっていることに気がつきました。スッキリ整えてからはクローゼットは扉を開けたくなる空間に。着ていく服を選ぶのも楽しくなりました。

右側にはスペースを開けて、あえて何も置かないようにしています。冬場に扇風機を置いたり、急な来客があったときに物を一時的に置く場所としても活用します。

ハンガーは形を揃えて

ハンガーは普通サイズと、コートなど大きなものをかけられる、幅が広いサイズの２種類があります。

本棚は持たない

菊池亜希子さんが昔から好きです。モデル、女優、ムックの編集者…多彩な顔から学ぶことが多くあります。

カバンの収納法

コーチのバッグは祖母からの譲り物。ハイブランドにはあまり興味がないのですが、年齢的にひとつはしっかりしたものを持っておきなさいという祖母の心遣いです。

小物用ホルダーが便利

靴下や手袋など、引き出しに入れるとバラバラになりがちなペアの小物を入れています。リボンのついた袋は、友人からもらったサシェ（香り袋）。

下段には重たいもの、引き出し類を置くことで管理しやすくしています。

Sort out

クローゼット下段は「箱」で区切る

下段には衣装ケース、ランドリーグッズ、タオル・フェイスタオル、防災グッズ、工具セット、アイロン、マキタのクリーナーの充電器、掃除道具、日用品のストック類など、なるべく視覚的に隠したいものを置いています。

蓋つきの衣装ケースには季節物を入れるようにしていますが、コート類は年中ハンガーに吊るしていて、衣類も引き出し式の衣装ケースに収納しているため、衣替えは5分もかかりません。

衣装ケースを出して、帽子や手袋、ストール、湯たんぽなどの小物を、季節によって上下入れ替えるだけで済みます。

紙袋

紙袋など意外と必要なときがあるので、3～4枚をまとめて薄緑色のトートバッグにまとめています。水玉模様のボックスは、消耗品などのストックを。

衣装ケースは
季節で中身を上下入れ替え

冬

冬物のニットや帽子類。

夏

浴衣セットなど。

書類や文房具類

大事な書類や文房具類・CDなど小物類はコールマンの折りたためる収納ボックスに入れて奥に置いています。キャンプのときやフェスのとき、中身をとり出してボックスを使用することも。

入浴セット

脱衣所がないため、バスタオルやフェイスタオルもクローゼットに収納しています。バスタオルは2枚・フェイスタオルは5枚（フェイスタオルは台所のタオルと兼用なので、少し多め）。ドライヤーもここに。

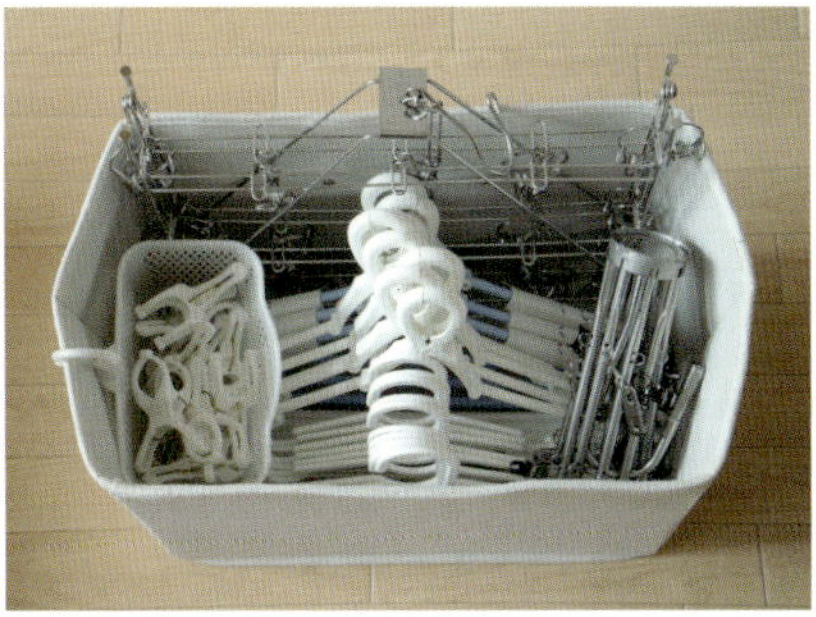

ハンガー類

ベランダに近い場所にあるため、洗濯物を干すときは収納ボックスごと、ベッドの上に置いて作業します。

オフシーズンの扇風機は百均で購入したカバーで包み、クローゼットの空きへ。ホコリをふせぎます。毛布と敷きパッドも圧縮袋でコンパクトに。かたくなるので立てかけられます。

Seasonal

季節物は最低限。加湿器も手放して

夏用のタオルケットは持っていません。夏場のクーラーも寒く感じてしまうので、布団は1年を通して同じものを使っています。冬用の毛布と敷きパッドは普段圧縮して収納しています。

ホットカーペットや加湿器も持っていました。ホットカーペットは収納場所をとってしまうのと、つけっ放しで外出をしてしまうことが度々あり、使わなくなってしまいました。

加湿器は毎日のお手入れや半年に1回のカートリッジの交換が億劫に感じてしまい、サイズも6畳にしては大きかったので手放しました。

乾燥する日は、ハンドタオルを濡らして絞ったものを部屋に吊るしておくことで、加湿器の代わりにしています。

来客用品は特別持たない

Visitor supplies

絵柄のある紙コップ類は、３ＣＯＩＮＳやフライングタイガーなど、オシャレな雑貨屋には必ず置いてあります。寝袋は「ISKA」という、本格的な山登りグッズブランドのもの。慣れていないと、薄くて寝心地はよくないようですが、私には十分です。

来客用品はとくに準備していません。

友人を招いて料理を振る舞うときも、食器は2セットずつ揃えているので、基本的には持っているもので対応できます。食器が足りないときは紙皿紙コップで出しますが、かわいい柄のものを使うので、逆に喜ばれることもあります。

以前は来客用の布団も持っていましたが、なかなか使う機会がなく、収納スペースもとるので手放しました。お客様にはベッドで寝てもらい、自分はヨガマットを敷いた上に寝袋で寝ています。昔からキャンプでテント泊に慣れているため、特に寝づらいこともありません（私だけかもしれません）。

たまのことなので、代用することで解決しています。

ひとりだからこそ備えたい防災グッズ

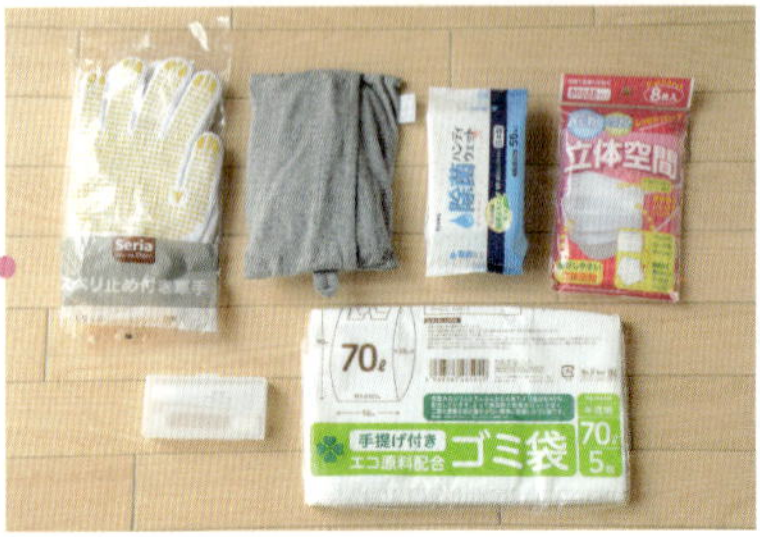

肌着は衣替えのタイミングで夏用冬用と入れ替え。同じタイミングで非常食と水の賞味期限を確認し、交換しています。避難所で着替える場所がなかったりしたとき、バスタオルがあれば簡単な着替えを済ませることができます。

Emergency supplies

ひとり暮らしだからこそ、自分の身を守れるのは自分だけなので、防災グッズはしっかりと用意しておきたいもののひとつと考えています。

クローゼットには防災バックを常備しています。中身はインターネットで調べ、軍手、タオル、肌着下着（1日分）、非常食（乾パンとデニッシュ）、500mlペットボトルの水2本、ウエットティッシュ、マスク、簡易スリッパ、ゴミ袋、歯ブラシ、生理用品を入れています。

私がやっていたボーイスカウトには、「備えよ常に」という言葉があります。思わぬことが起きても善処を尽くせるように準備をしておく、という意味ですが、小さな頃から実践して身についているので、防災グッズの準備も自分の中では当たり前のことでした。

花瓶の奥にあるディフューザーは、無印良品の「ハーバル」を使っています。1Kの広さで十分に玄関口まで香りが広がります。
（右上）ホコリをすぐとれるよう、テレビ背面にホコリとりを置いて。

「扉がない」テレビボードのこだわり

以前は収納がたっぷりの、大きなテレビボードを使っていました。とりあえずでモノを詰め込んでしまい、重くてひとりでは動かせず、引っ越しするまでの4年間で一度も掃除できませんでした。

そこで、今回のひとり暮らしでは掃除のしやすさを優先しましたが、なかなか理想のテレビボードを見つけることができず、思いきってオーダーメイドでつくってもらいました。

ただ扉がないため、配線コードが丸見えになってしまいます。配線をまとめていないと、ホコリも絡まりやすく、掃除もしにくかったので、スパイラルチューブで自分なりに配線整理をしました。

おかげでスッキリし、掃除もラクになりました。

Under the bed

ホコリっぽくなりがちなベッド下。収納で出し入れを頻繁にすることで、ついで掃除もしやすくなりました。網目の大きな棚板のため、置けるものが限られ、スッキリとした収納を保つこともできています。

ベッド下はとても便利な空間

ベッドは引っ越しをしたときに、たまたま友人が手放そうか悩んでいたものを譲り受けました。その際に、ベッド下に収納できるキャスターつきの棚ももらいました。

主にリビングとベランダの掃除道具と、リビングで使いたいヨガマットや、置き場所のなかった体重計を置いています。

ベッドが窓際にあるため、ベランダ側からもとり出すことができます。そこで、動線を優先して、手が届くところに、ベランダに出るためのサンダルや布団バサミも収納しています。

このベッドになるまで、ベッド下をまめに掃除していなかったので、収納するという意識がありませんでした。それが、今では大事な収納スペースです。

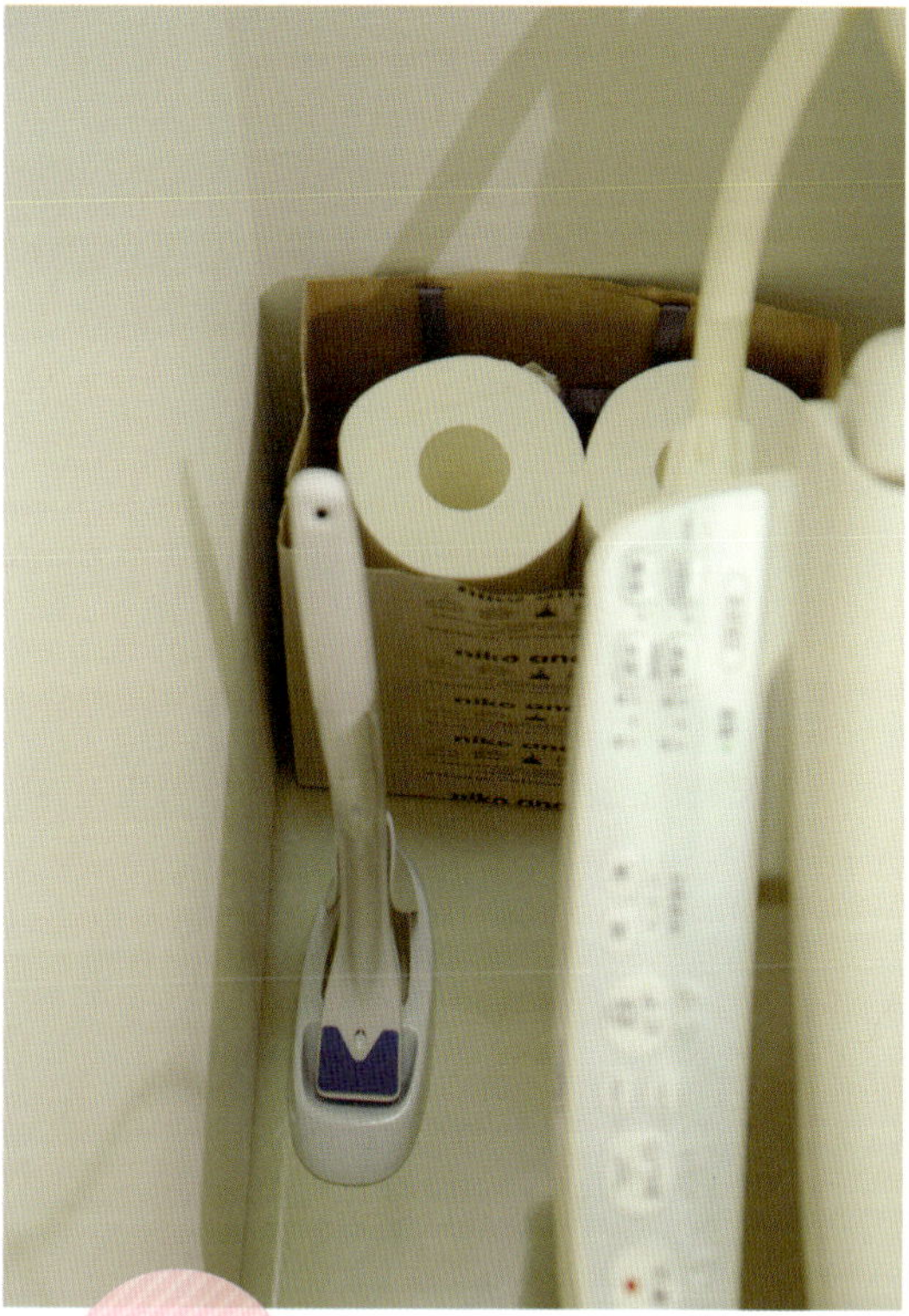

Toilet

タオルバーにかかっている紙袋には生理用品が。パッと見そうとはわかりません。手は外で洗うので、タオルはかけていません。

収納ゼロのトイレをスッキリ見せる

トイレは部屋の中でも収納が少なく、狭いですが、1日に何回も使用するので、キレイな状態を保ちたい場所です。

最初は突っ張り棚で収納スペースをつくろうとしましたが、ライトが近くにあったため、発火等が不安でやめました。今は使い捨てブラシの替えやお掃除シート、水タンクに垂らすアロマや生理用品は吊るして収納しています。

トイレットペーパーは紙袋に入れ、便器の奥に置いているので、そこまでじゃまではありません。ブラシと同様に奥に置き、ドアを開けたときには見えないようにしています。

Washing

隠せない洗濯機回りは白で清潔感を

玄関を入ってすぐに洗濯機のある構造になっています。洗濯物や洗剤等も置いているので、生活感をいかに出さないようにするかがポイントでした。

洗濯機上にちょっとした棚があります。洗剤やストック類を置いていますが、そのままだとゴチャついて見えるので、無印良品の化粧ボックスを2つ並べて入れています。半透明なので、中身を隠しつつ何が入っているかもわかります。

また、洗剤はラベルを剥がしたり、シンプルなボトルに移し替えたりしています。

左から２つ目のボトルは柔軟剤。バスリエの「ire-mono」シリーズを使っています。真ん中の銀の蓋は重曹とクエン酸。

粉洗剤は、無印良品の蓋つきメイクボックスが便利です。密閉度も高く、半透明なので残量もひと目でわかります。

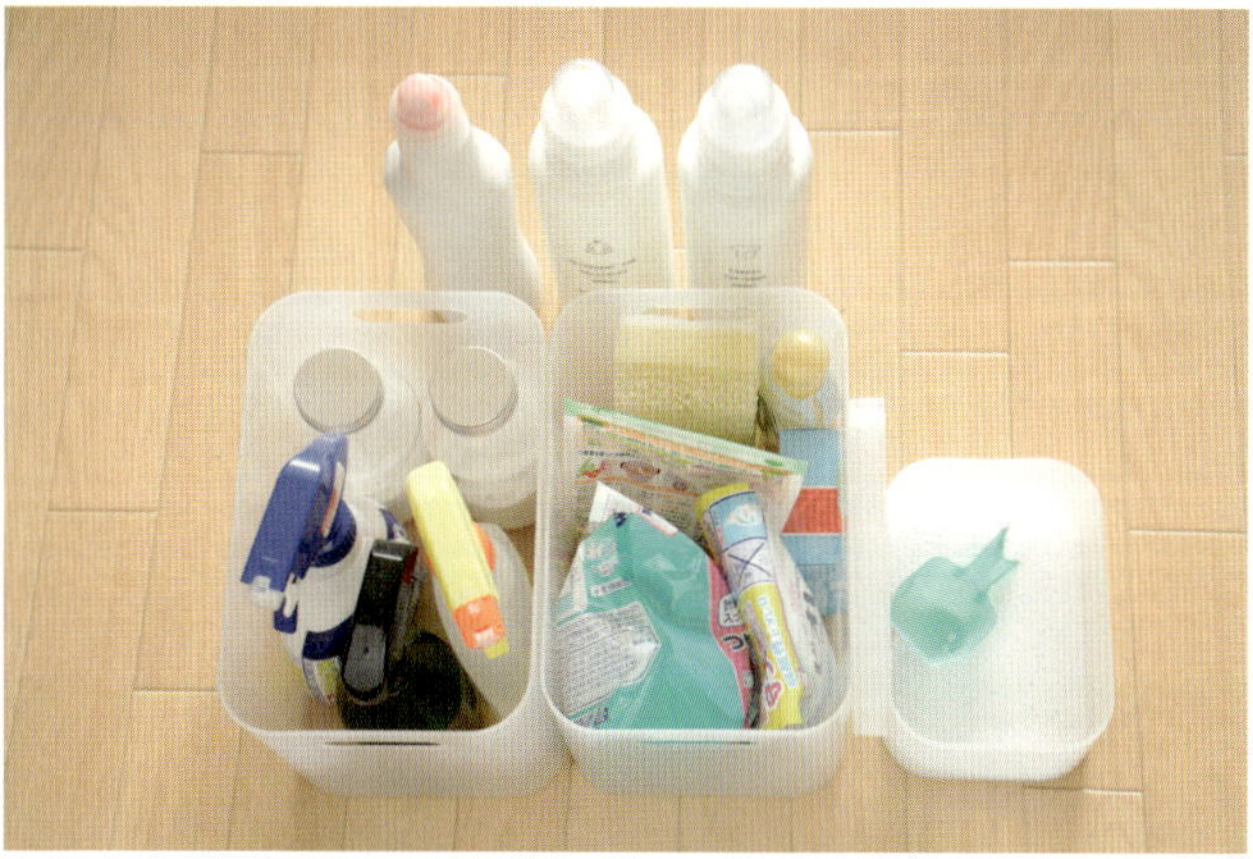

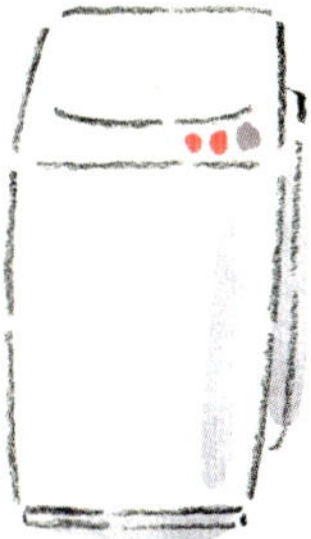

粉洗剤は無印良品の蓋つきボックス、柔軟剤やおしゃれ着洗剤はバスリエのボトルです。

ランドリーボックスは蓋つきのものを選びました。来客があるときは蓋を閉め、洗濯物が見えないようにしています。

洗濯機の近く、玄関横には3連のカゴを吊るしていますが、一番下には洗濯に使うネット、上と中段にはハンカチとポケットティッシュを置いています。本多さおりさんの本からアイデアをいただきました。

以前は出かける際にハンカチを忘れて、よくクローゼットまで戻っていました。玄関近くに置いておくことで、忘れても靴を履いたまままとることができます。

洗濯機回りは白で統一しているので、吊るしカゴも白色に。

第5章

私のおしゃれと美容・厳選アイテム

ワードローブ全公開

Wardrobe

奥行きが70cmある、大容量の衣装ケース。写真のように「立てて収納」して、引き出しひとつに約20枚は入ります。上段はトップス、中段はボトムス、下段はパジャマやフェス用のTシャツなど。衣替えは奥と手前で入れ替えます。

極端に少ないわけではありませんが、昔に比べたら半分くらいの洋服。シンプルライフを目指し始めた頃は、服を手放しすぎて困ったこともありました。いろいろ失敗もしたことで、管理がしやすく、着回しパターンもある程度あり、おしゃれを楽しめる今のワードローブに落ち着きました。

友人や職場の同僚には「もっとたくさん服を持ってるのかと思った」と驚かれますが、同じトップスでも羽織物やボトムス、アクセサリーや小物・靴を変えることで、何パターンものコーディネートを組むことができます。

また、厳選したお気に入りの服ばかりなので、1着1着に愛着がわります。長く着られるよう、自然と大切にできるようになりました。

トップス

半袖

丸襟Tシャツ４枚に、柄物トップス５枚と、白の無地のトップスが１枚。柄物と無地が同じ数ずつあると、着回しがラクになります。

長袖

青２枚、白系２枚、ベージュ１枚、黒１枚。青色はもともと好きなのと、メンズライクな小物やバッグなどと合わせやすいため。

カーディガン

羽織物は３枚。緑はやや薄めの生地。柄のニットは分厚いので寒いとき用です。グレーは中間くらいの厚さです。

冬物

厚手のニット２枚、ハイネック２枚、長袖シャツ１枚。ベージュにトルコカラーのボーダーの長袖は、どんな色のボトムスにも合わせやすいです。

こうして見ると、トップスは襟つきのデザインが多いです。学生時代から着ているものや、4～5年着ているものもたくさんあります。

流行り物は翌年には着ないことも多かったため、ずっと着られるデザインであることも服を選ぶポイントにしています。

主なトップスは半袖と長袖の2つ。季節により上にカーディガンを羽織ったり、厚手のセーターを着たりします。

仕事中は制服で、行き帰りが私服です。平日も週末も同じような着回しができるので、ラクなほうかもしれません。

ボトムス、ワンピース

ボトムス

パンツ5本、スカート3枚。ボトムスは両方とも、黒・白・茶（ベージュ）です。トップスが色物や柄物を選ぶことが多いので、ボトムスは合わせやすいように、なるべく無地でシンプルなデザインを選ぶようにしています。

夏物ワンピース

3着あります。基本的に肌を見せるのが好きではないので、デニムや白パンツなどを下に履くことが多いです。

春秋物ワンピース

春秋用に1着。お気に入りの真っ赤なワンピースです。七分袖でちょうど膝あたりの丈感。素材はストレッチ素材なので、伸縮性があります。

パンツやスカートはそれほど季節感が出ないので、オールシーズンで着回しています。コーディネートを組む場合、まず色味で組み合わせを考えることが多いです（シルエットや服のデザインも大切ですが）。

　トップスを購入するときも、自分の持ち服に合わせやすいかをまず考えます。たとえば白色のパンツに合わせやすいと思って購入したら、自然と白色のスカートとも合わせやすい服ということになり、着回しのパターンも増えます。

　また、定番の色で揃えておくと、たいていの服に合います。

インナー、アウター

靴下
左から、冬用3足、フェスやキャンプ用2足、オールシーズン6足で使っています。オールシーズンの靴下は、靴のデザインによって履き分けています。

冬用アウター4着
肌寒いくらいのときはベストを。普段遊びに行くときやカジュアルな服装のときは、パタゴニアのフリースやダウンを。出勤や少しフォーマルなときはチェスターコートと使い分けています。

ベスト

ダウン

フリース

チェスターコート

靴下は布製の小物用ホルダーにまとめています（73ページ）。フェスやキャンプで履く用、冬物は真ん中に。オールシーズン履けるものは一番下と分けて収納しています。履きたい靴下をすぐに見つけられます。

インナー（肌着や下着）やストッキングは衣装ケースに収納していますが、仕切りボックスでそれぞれ分けています。肌着は夏用4枚、冬用ヒートテック4枚、下着は4セットです。

冬用のアウターはフリースとダウン、チェスターコート、ベストの4着です。

カジュアルにも着こなせるような素材がお気に入り。フォーマルに着こなしたいときは白パンツを合わせ、アクセサリーやバッグなどの小物で雰囲気を変えています。

フォーマルにもなる普段使いの2着

marimekkoの赤いワンピースは、ちょっとしたフォーマルにもなる服がほしいと思い購入しました。見た目にはわかりづらいですが、ストレッチ素材なので動きやすく、フェスに着ていくこともあります。

黒のトップスは、マーガレット・ハウエルのワッフルブラウスです。こちらはお店に入ってひと目で気に入ったトップスです。薄手なので、1枚で春秋にも着られますし、上にカーディガンやアウターを羽織ってフリル襟を出せばアクセントにもなります。

どちらもカジュアルな普段使いと、フォーマルな装いの二面性を持ち合わせていて、着こなしの幅が広がるのがお気に入りのポイントです。

短い髪に映えるタッセルピアス

Accessories

(左) アクセサリーは母や弟からもらったものがほとんど。お気に入りは、母が私の20歳の誕生日プレゼントにくれた、ティファニーのパールピアス。
(右)「automne」(オトヌ) のタッセルピアスは地元・高知のアンテナショップで帰省した際に購入。

普段アクセサリーを身につけることがなかなかないので、持っているのは贈り物が多いです。

赤いタッセルピアスは友人の手づくりです。marimekkoのワンピースや浴衣を着るときに合わせることが多いです。ショートヘアだと存在感のあるピアスがよく映えるのもお気に入りです。

昔は時計もたくさん集めていましたが、今はG－SHOCKとマーガレット・ハウエルのコラボ時計ひとつだけです。普段身につけていないときは、玄関のシューズラックの上に置いています。

アクセサリーは無印良品のジュエリーケースに収納しています。クリアケースなので、中身がよくわかります。ボックスに入るだけの量を持つようにしています。

洗顔泡立て器。美容部員の友人に教えてもらいました。
洗顔料は高価なものでなくてもモコモコの泡に。

レブロンのマニキュアを愛用。母のものを借りたのがきっかけです。塗りムラがなく、発色がいいのもお気に入り。ＴＰＯ問わず使えるよう、淡い色を２色持っています。

Skin care

洗顔泡立て器のモコモコ泡にやみつき

メイクはあまりこだわっていませんが、基礎化粧品はライン使いをするようにしています。

今までの経験上、使い慣れない色に挑戦すると使いきれませんでした。ファンデーションやアイライン、マスカラ等は使い慣れたものをひとつしか持たず、小さめのメイクポーチに収まるようにしています。

スキンケアも特別なことはしていませんが、洗顔はキメ細かい泡を立てられる、洗顔泡立て器を使います。ネイルケアもあまりまめにしていませんが、ささくれができたらネイルオイルを塗るようにしています。

増えがちな化粧品類も、ボックスに収まる程度にすれば増えません。

BOTANISTのシャンプーを愛用中

Hair care

（左）さっぱりタイプとしっとりタイプの2種類。私は、さっぱりタイプを使っています。
（右）ツヤ感を出したいときは、上のボジコのマルチワックスを。全身に使えるので、スタイリング後に手に残ったものをハンドクリームに。動きを出したいときは、下のアリミノのヘアワックスで。

ここ2年間はBOTANISTのシャンプーとリンスを使っています。自然な香りで、髪の毛がサラサラになります。

ショートヘアにしたので、以前ほどきちんとケアをしていませんが、お風呂上がりにはロレッタのヘアオイルをつけてから髪の毛を乾かしています。

また、1ヵ月半～2ヵ月の頻度で美容院に行っているので、その際トリートメントをしてもらいます。

普段のセットは、髪の毛をクシでといた後、用途に応じて写真の2つのワックスを使い分けています。

どちらも使いきれる小さめのサイズです。出かけるときはポーチに入れて、持ち運びもじゃまになりません。

夏に浴衣は欠かせません

Yukata

長く着続けられるよう、飽きのこない柄を選びました。帯はオーソドックスな文庫結び。

高校生のときに着つけの練習をする授業があり、それ以来浴衣は自分で着ることができます。

今も1着持っていて、年に2〜3回は花火大会や夏祭りに浴衣を着て出かけます。夏がきたな〜と感じる、大事なイベントです。

姿見がないのですが、もう10年くらい自分で着ているので、手鏡を見ながら着ることができます。メイクへアセットと着つけで1時間以内でしょうか。

毎年同じ浴衣ですが、帯を違う結び方にしてみたり、ネイルやアクセサリーなど小物を変えたりして、毎回違った楽しみ方をしています。

Leather shoes

革靴のお手入れは、馬毛ブラシでブラッシングし、クロスにクリームをつけて汚れ落とし。栄養と防水のレザークリームを同じクロスで塗布した後、防水スプレーを全体に吹きかけ、またブラシをかけて完了。

一生履きたいビルケンシュトックの革靴

「おしゃれは足元から」。

きちんとした靴を履くことは大人への一歩だと思い、昨年の春にずっとほしかったビルケンシュトックのロンドンを手に入れました。

1枚皮でつくられたもので、コロンとしたフォルム。革靴は履けば履くほど自分の足になじみます。お手入れをすれば一生ものだと聞いて、ずっと履けたらいいなと思い購入しました。

お手入れの方法は店員さんに聞いた通りにしかできませんが、お出かけ前や履いた後にていねいにブラシをかけ、ワックスを塗りこみます。

ピカピカになるのが目に見えてわかる作業なので、終わった後は気持ちもスッキリします。

年に1～2回、フルマラソンの大会に参加しています。普段から体を動かす・体型維持には気をつけています。
(右下) スマホをたすきがけできるベルト。体に密着するので、走っていてもじゃまになりません。

体を動かす習慣

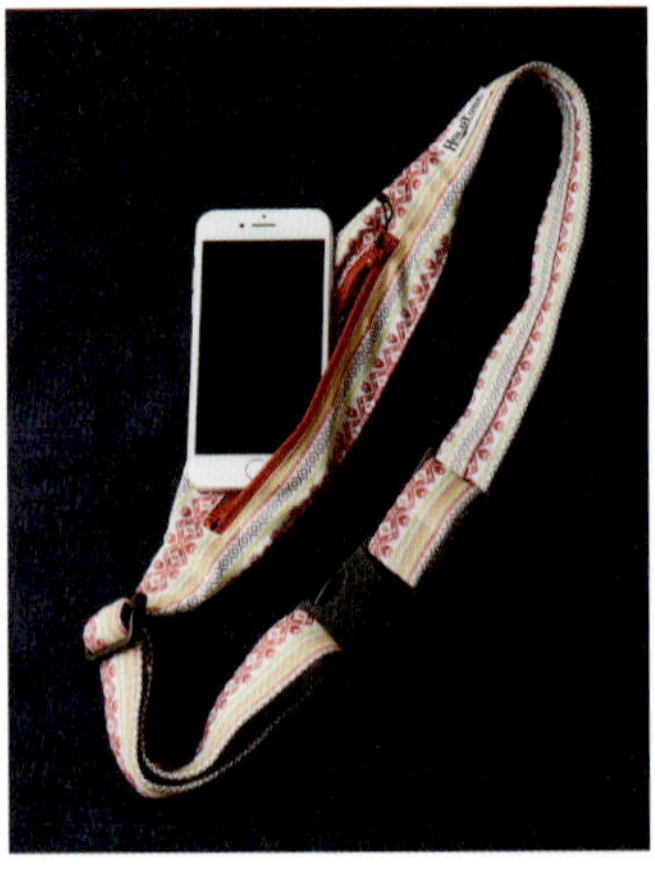

小さな頃からボーイスカウトで山登りなどのアウトドア、中学生のときは部活でテニスをしていたので、体を動かすのは好きでした。

社会人になり運動からは遠のいていましたが、父親に誘われて一緒にフルマラソン大会に参加したことをきっかけに、日常でも体を動かすようにしています。

春や秋など、涼しい季節は片道1時間ほどの自転車通勤、日常では気が向いたときに夜30分～1時間ほど家の近くをランニングしています。

Diet

もともと太りやすい体質のため、定期的にスープダイエットをして体重管理をしています。
カレーパウダーやキムチ鍋の素を入れると、味に変化が出て続けやすいです。
(左下) スープはトマト (ホール缶も可)、キャベツ、ピーマン、セロリ、たまねぎをカットしてコンソメで煮込むだけ。

効果抜群のスープダイエット

年末年始やお盆など、長期連休で体重が増えてしまったとき、スープダイエットをします。1週間決められた食事スケジュールをこなします。少し体重が気になるというときにも、夜ごはんだけをスープに置き換えたりします。

1週間きっちり食事管理をすると、私の場合だいたい2～3kg、夜ごはんだけ置き換えた場合も2週間で2～3kgは減量することができます。

スープダイエットは好きなだけスープを飲むことができます。また、短期間なので、普通のダイエットよりあまり負担を感じず、定期的にできています。

ほうじ茶

第6章

「日々少しずつ」でキレイを保つ掃除

（左ページ）だいたい連続して20分ほど使えます。50分で満充電。ヘッドが小さいので、家具を動かさずに家具の下を掃除できます。

コードレス掃除機に買い換えて大正解

以前は掃除機がけが苦手でした。移動するたびにコンセントを差し替えなければならず、重くてすぐにとりかかれないのがネックに。

そこで、いろいろ調べた末、マキタの充電式コードレスクリーナーに買い換えました。威力はそれほど強くありませんが、ひとり暮らしの部屋を掃除するには十分。コードレスで軽いので、掃除をしたいときにパッとかけることができます。

音もそこまで大きくなく、集合住宅に住んでいる方にはいいのではないでしょうか。

ゴミ捨て方法は紙パック式を選んだので、中身を見ることなくそのまま捨てることができます。紙パック代のコストはかかりますが、毎日使って交換頻度は月1回くらい。本体の掃除もあまりいらず、面倒くさがりの私には向いていました。

家電もインテリアのひとつとして考えているので、シンプルなデザインも決め手に。

手軽に掃除機がけができるようになり、今では毎朝出勤前に掃除をする習慣が身につきました。

Vacuum cleaner

Kitchen cleaning

キッチンはメラミンスポンジが活躍

台所は毎日使うので、気をつけていてもすぐ汚れてしまいます。ステンレスのコンロは油汚れが目立ちます。気がついたときにすぐ掃除ができるよう、メラミンスポンジをシンクの壁にかけてストックしています。

2～3日に一度、五徳を外して、パパッと簡単掃除。

キッチンの壁や冷蔵庫、電子レンジも、汚れが気になるたびにアルコールで拭き掃除しています。

大掃除はハードルが高いですが、すぐに終わる簡単な掃除ならやろうと思えます。キレイな状態を保っていると、少しの汚れも気になるので、まめに掃除ができるようになりました。

日々の掃除

油がはねやすいキッチンの壁はアルコールスプレーで拭き掃除。アルコールだと、その後汚れもつきづらく、光沢も出て達成感が大きいです。

水拭きだけではなかなか落ちない水垢などはメラミンスポンジで。磨いた後は、シンクのステンレスがピカピカになります。

月1の掃除

（上）掃除にとりかかる前
（下）すべてとり外して掃除

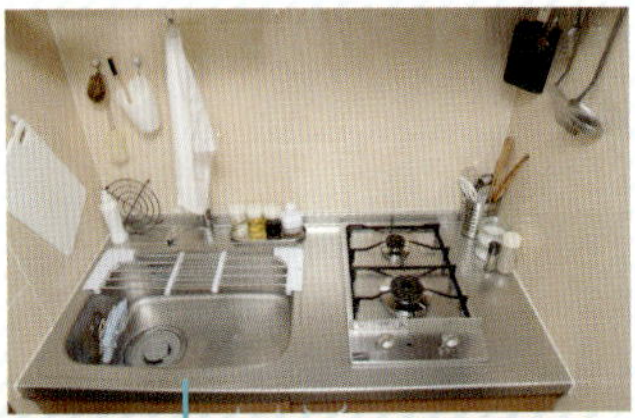

- 換気扇、壁の拭き掃除
- カトラリーに入れているものや吊るしている調理器具の洗浄
- 調味料入れを拭いて中身の補充
- 水切りをハイター掃除
- シンク下の食器棚の拭き掃除
- その他、とり外せるものはすべてとり外して拭き掃除

大変な作業のようですが、月1回掃除をしているとそこまで汚れがたまっていないので、すぐに終わります。大掃除もしなくなりました。

	日常的に	週末	定期的に
キッチン	アルコールで全体的に拭き掃除	メラミンスポンジを使って全体的に	月に1回程度換気扇を掃除
リビング	毎朝、掃除機がけ	クイックルワイパーで床拭き	月に1回程度エアコンのフィルター掃除
トイレ	使い捨てブラシで便器掃除	クイックルワイパーで床拭き	
バス	週に1〜2回、「パイプユニッシュ」で排水溝清掃	・細かい汚れはメラミンスポンジ ・目立つ水垢はカビとりで	月に1回程度天井の拭き掃除
洗濯	2〜3日に1回は衣類の洗濯	リネン類の洗濯	1年に1〜2回、重曹で洗濯機を洗浄
玄関		・卓上ホウキで掃く ・雑巾で窓のさんやドアを拭く	

Weekend

週末1時間を部屋中の掃除にあてる

毎週土日のどちらかは、週末掃除の時間をつくります。

天気がよければリネン類の洗濯、ベランダの目隠しフェンスやサッシの拭き掃除・床のブラシがけ、かけ布団や枕に消臭芳香剤（リセッシュ）をかけて外に干す、テレビ台やペンダントライトの傘・エアコンの上をハンディモップでホコリとり・部屋中を掃除機がけしてフローリングワイパーがけ、玄関の拭き掃除、トイレ・お風呂・キッチン掃除……。

毎週やっているので、そこまで念入りにしなくても大丈夫です。ルーティンとなっており、1時間〜1時間半ほどで一気に終わらせます。

週末は普段できないところを

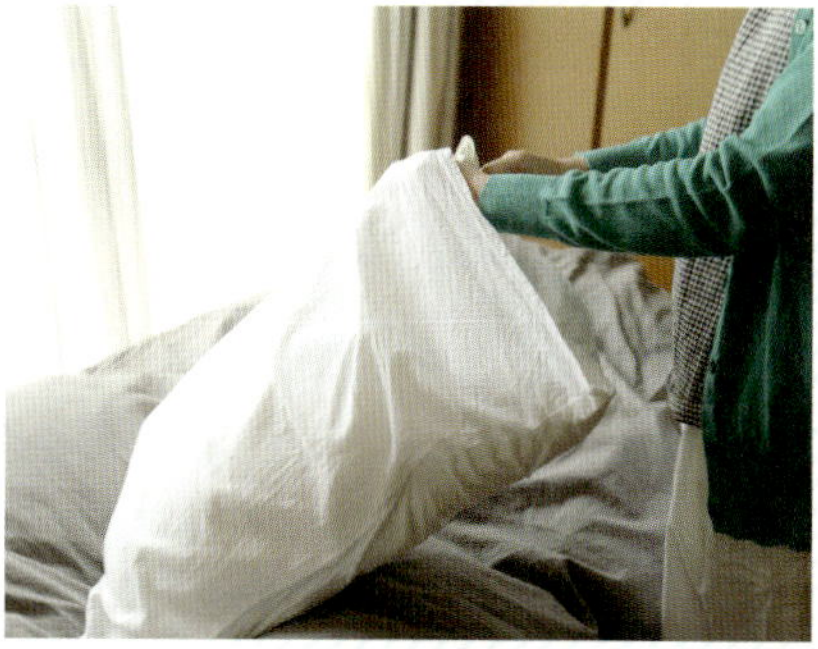

リネン類

週末の天気のいい日には、枕カバーとシーツ類を洗濯。

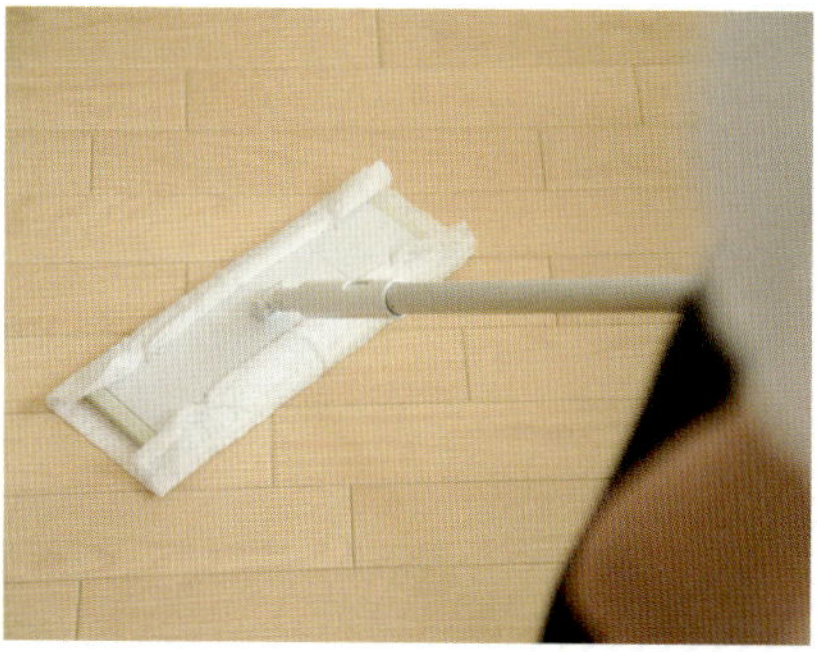

フローリング

クイックルワイパーで手軽に。

食器棚の水拭き

食器は全部おろして水拭き。乾拭きで仕上げを。

冷蔵庫の水拭き

中のものをとり出し、アルコールスプレーで拭きます。

ベランダ

サッと水をバケツ1杯分流して、ブラシでこするだけ。

玄関

室内側だけでなく、外側も。

Entrance

玄関は外側も忘れず水拭き

部屋の中と違い、外側は砂埃がたまりやすいです。雨が降った後も、早めに拭き掃除をすれば、水垢は残りません。

（上）無印良品の卓上ホウキ。小さいですが、しっかりゴミを集めてくれます。
（下）雑巾は玄関近くの洗濯機横に。吸盤タイプのタオルかけにゴム手袋と一緒にかけています。

玄関は毎日必ず出入りし、来客があれば部屋の第一印象になります。一番キレイにしておきたい場所だと考えています。

週末掃除に組み込み、週に一度は掃除します。

玄関のドアと外側の窓、インターホンの上を拭き掃除。たたきはゴミや砂があれば、卓上ホウキで集めた後、雑巾で拭き掃除を行います。

卓上ホウキはドアの内側にマグネットフックで吊るしています。本多さおりさんのアイデアです。

玄関掃除に限らず、掃除道具は近くにあってパッと手にとれ、すぐにとりかかれる場所に置いておくと、掃除のやる気にもつながると実感しています。

入浴時についで掃除。スポンジは使用後、よく乾かしてから洗濯機上のボックスに収納。

Bathroom

バスルームの鏡はクエン酸パック

普段のお風呂掃除は、汚れが気になったときバス洗剤とスポンジで。壁についたマスカラ等の細かい汚れや、洗面台はメラミンスポンジでこすり洗いします。歯ブラシを入れているコップ、ハンドソープやシャンプーボトルの下のぬめりとりも。

鏡の水垢が目立つようになったら、クエン酸水でパックします。

カビは見えていなくても天井に発生し、落ちてくるということをテレビで知りました。それからは、ワイパーにカビとり洗剤をしみこませたもので、月1回定期的に天井の拭き掃除も行っています。

水垢が目立つときはカビとり洗剤を。ちょっとした溝に水垢はたまりやすいです。

洗面台は洗顔や歯磨きで１日何度も使う場所。まめに掃除してキレイを保ちたいです。

鏡をキレイに

クエン酸を水で溶いたものを全面にスプレーする。

サランラップでパックし、１時間放置。その後拭きとるともとの輝きに。

使い捨てブラシでトイレ掃除が気楽に

Toilet

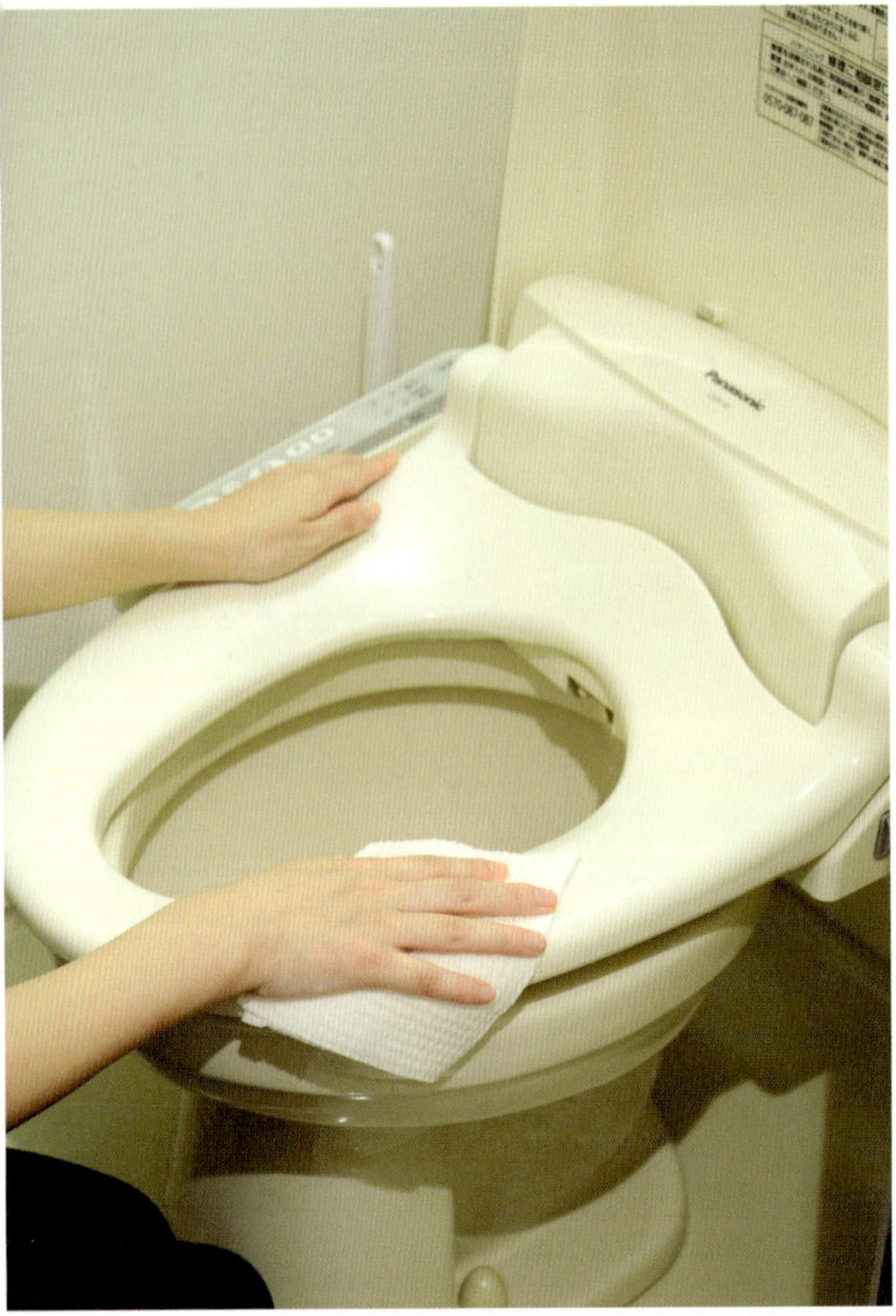

便座カバーをつけていないので、すぐに掃除にとりかかれます。タンクも手の届く範囲で、蓋を開けて除菌シートで拭き掃除をしています。

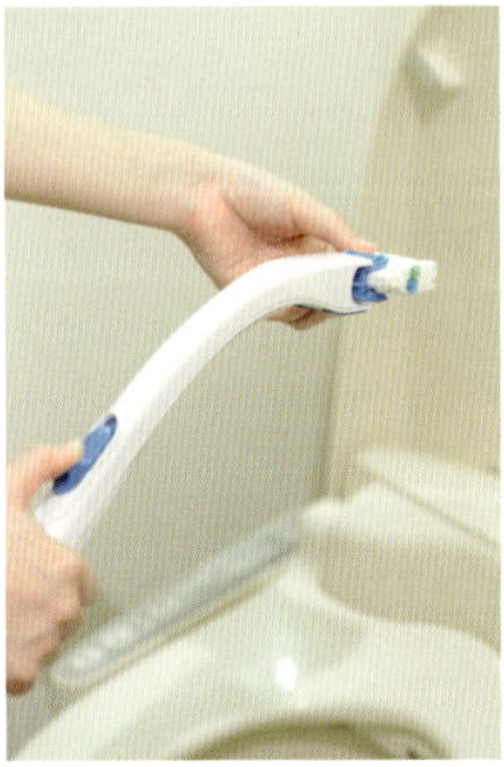

「流せるトイレブラシ」（ジョンソン）はドラッグストアでも売っています。

トイレ掃除は簡単に済ませていますが、汚れが気になるたび、週2〜3回はしています。

床はリビングのフローリング掃除のついでにクイックルワイパーで拭き掃除、便座と便器の外側はトイレ掃除用シートで拭きます。便器の内側は使い捨てブラシでこすり洗い。ミントのアロマを水タンクに数滴たらしておしまいです。

以前はトイレ掃除が終わった後にブラシの手入れをするのが、とても嫌でした。使い捨てなら、掃除のたびにつけ替えてそのまま流すことができます。

自分の苦手な作業がなくなった分、こまめに掃除ができるようになりました。

Balcony

ブラシの柄は、フローリングのワイパーと共有のもの。晴れの日ならあっという間に乾いて、ベランダの砂埃もすぐにキレイになります。

ベランダは水をまいてブラシで洗う

月に1〜2回、ベランダを掃除します。

水をまいてブラシでこするだけの単純な掃除ですが、ベランダに出て気持ちがいいと感じるのは掃除をしているおかげです。

無印良品のブリキのバケツはお気に入りで、入荷が困難なときから狙っていたものでした。大きいサイズなので、ベランダ掃除以外に靴を洗うときやスパニッシュモスのソーキングにも使用しています。

ブラシはよく乾かしてからベッド下へ収納、バケツはクローゼットのとり出しやすい場所に置いています。

調理道具と同様、掃除道具もお気に入りのものを持つことで、掃除する意欲を上げることができています。

Washing

洗濯は良い道具を揃えて楽しい時間に

家事の中でも洗濯が大好きで、2日に一度は洗濯機を回しています。ランドリーバッグの中の衣類がなくなり、物干し竿にはキレイに並んだ洋服…。目に見えてスッキリするので、達成感があります。

洗濯物をため込まない方法として、肌着や下着は4日分しか持たず、3日目には洗濯をしないと着るものがなくなってしまう状況をつくり出しています。

ランドリーグッズもお気に入りのもので揃えました。

ピンチはスタイリッシュに見えるステンレス製のものを。ハンガーや洗濯バサミは干したときにキレイに見えるよう白色で統一しています。

最近購入したパナソニックのスチームアイロンもお気に入りです。

ステンレス製は丈夫で、見た目もおしゃれなのが気に入っています。

洗濯物はKitchenKitchenのランドリーバッグに。生成《きな》りの目立たない色です。

サイズもコンパクトで、ハンガーに吊るしたままかけられることが最大の利点です。

　服はいつも着る前日に準備します。準備のタイミングでアイロンがけをしておくと、朝バタバタすることもありません。アイロン台がいらないので、収納が少ないひとり暮らしでも持ちやすいと思います。

靴洗いもベランダで行います。粉洗剤をバケツの中で溶かし、ブラシで洗うだけ。靴を干すハンガーは百均で購入したもの。型崩れしにくく、置いて乾かすよりも早いです。

第7章

ワクワクすることを日常に散りばめて

Cycling

ロードバイクはブリヂストンのアンカー。背の低い女性でも乗れる小さめのロードバイクです。汚れと盗難防止のため、部屋の中に置いています。軽いので、外に持ち出すとき、小柄な私でもかついでいけます。

休日の朝は自転車で街を散策

休日は朝7時頃に起きて、リネン類を洗濯することからスタート。

週末掃除を終わらせたら、モーニングをしに喫茶店やスタバへ行ったり、朝食のパンを買いにロードバイクで出かけたりします。

朝は車や人が少ないので、自転車で走りやすく、車では通り過ぎてしまうようなお店を発見できたりします。よく行くパン屋さんも、ロードバイクで散策しているときに見つけました。

朝のスタートが早いと、家のこともでき、自分の時間もしっかりと確保できるので、休日を有意義に過ごすことができます。

お気に入りの「ごはんにかける」シリーズ。「小さめごはん」シリーズはお湯を注げば食べられるレトルト。いろんな種類を楽しんでいます。

Chill out

家事をしたくない日は思いきりサボる

基本的に家事は好きでやっていますが、いつも完璧にこなせているわけではありません。仕事が忙しかったり身辺がバタバタしていると、何もする気が起きないこともあります。そんなときは無理して家事はしません。

食事は、ストックしている無印良品の「ごはんにかける」シリーズやレトルトカレーで済ませることも。掃除や他の家事は、終わった後のご褒美としてスイーツを買っておき、モチベーションを上げたりしています。

それでもやる気が起きないときは、何もしないで過ごします。1日くらい家事をサボっても生活に支障はありません。とことんだらだら過ごすと、次の日には「昨日の分をとり戻すため」とやる気が出ます。

Money

お金の管理と自己投資

手帳に書く方式だと、出先ではとり出しづらく、自販機やキオスクでの買い物など細かい出費を書き落としがち。その点、スマホなら手軽で、記録忘れを防げます。

物の管理ができているので、ムダ遣いがない。衝動買いをしない。なるべく普段は自炊をする…など、シンプルライフを目指すようになってから、普段の生活が節約につながるようになりました。

お金の管理はスマホの家計簿アプリで行っています。支出入で管理でき、項目も細かく分かれているので、どこでどれだけ使ったのかひと目でわかります。項目は自分の生活に合わせて設定も可能です。

レシートをアプリで読み込むだけで記録することもできます。

今までは手帳に書いていましたが、記録をし忘れたり、どれだけ使っているか把握できませんでした。手軽に記録でき、グラフや表で表示されるのでわかりやすいです。

家計簿アプリを始めてから1年た

（右）最近英語の勉強を始めました。学生時代の教科書を参考にしながら、通信教材も購入。月々5000円程度。
（左）少し奮発して購入した香水。素敵な大人の女性になれそうな気がします。

ちますが、三日坊主にならずに済んでいます。

旅行やライブフェスなどは、早いうちに予定を決めてコツコツとお金を貯めるようにしているので、遊ぶときは心おきなく使うようにしています。

また、歯列矯正や脱毛、最近では英語の勉強など、自己投資も無理のない範囲内ですることができています。

節約術というほどでもないですが、銀行口座を2つつくり、ひとつはお金の出入りがあるもの、もうひとつは貯蓄用として分けて管理しています。

支出入口座の範囲内で生活費、遊びを楽しむようにしていると、管理もしやすく節約にもつながっています。

Travel

旅は自分へのご褒美

1年に2~3回は旅行に行く機会があり、行ったことのない場所にスポットを当てて行き先を決めることが多いです。お城や自然が好きです。

観光はもちろんですが、宿泊する旅館やホテルも旅の楽しみ。2泊3日で行く場合、1泊目はなるべくコストを抑えたビジネスホテル。2泊目は料理が美味しく、温泉が有名な旅館…というふうに計画します。

観光以外にひとつ、自分のための目的をつくります。器を見に行ったり、和菓子が好きなので、その地域でしか食べられない老舗のお店を探したり…。

旅は自分へのご褒美です。しっかりと楽しんだ後は、仕事や家のことを頑張れる活力になります。

キャンプ、フェス…アウトドアの楽しみ

両親がアウトドア好きで、父はボーイスカウトの隊長を務めていました。私自身もボーイスカウトに所属し、キャンプやハイキングなどアウトドアは身近なものでした。実家には家族全員分のテントや寝袋、道具一式が揃っています。

ひとり暮らしをしている今でも、時々キャンプフェスに友人と参加します。

キャンプ道具を一式揃えたいですが、収納がないので友人に借りています（いつも参加するメンバーが持っているので、寝袋さえあれば困りません）。

いつもと違う環境に身をおき、料理や音楽を楽しむことは気分転換になり、とてもリフレッシュできます。

ボーイスカウト流・小さな旅支度

Preparation

（左ページ）基本的にはバックパックと、普段使いのショルダーバッグかトートバッグをひとつ。海外に行くときは友人や実家からキャリーバッグを借りますが、あまり出番がないため自分用は持っていません。

旅は「身軽に動きやすく」をモットーにしています。

インスタグラムでも時々、旅行するときの荷物を紹介しますが、身軽さにいつも驚かれます。旅支度をするにあたって、荷物の少なさはボーイスカウトの経験が活きていると思います。

野外活動でよくキャンプをしましたが、荷物が多いと持ち運びが大変なので、少ない服を着回す、なるべく小さくパッキングするなど、必要最低限のものを見極めて荷造りしていました。

たとえば2泊3日の旅行では、1日目はワンピースとパンツ、2日目はトップスと1日目に履いていたパンツ、3日目は1日目に着ていたワンピースとタイツで着回します。

肌着や下着はジップロックに入れて、できる限り空気を抜き、圧縮してまとめます。

旅行のときはハンカチの代わりに、手ぬぐいを持って行きます。広げればスポーツタオルとして使えますし、小さくたためばハンカチとして。濡れてもすぐに乾くので、とても便利です。

その他、旅行で持って行くツールはほぼ決まっています。

帰省のときは長旅で乗り換えもあるため、先に宅急便で荷物を送っておくようにしています。

旅支度の中身

01 旅行用の小さなサイズのメイク落とし、洗顔、オールインワン美容ジェル（化粧水と乳液の代わり）、洗顔ネット、ワックス、アクセサリーケース
02 メイクポーチ
03 歯磨きセット、手ぬぐい
04 携帯の充電器、モバイルバッテリー、お財布、スマホ
05 服、肌着下着、羽織物、パジャマ、手ぬぐい

インスタグラムが励みになっています

Com-munivation

SNSに自分の生活を、一部とはいえ公開することには、不特定多数の人に見られるリスクがつきまといます。でもそれ以上に、一歩引いた視点で、自分自身や部屋のことを見つめ直す機会が生まれるのは、とてもよい経験です。

最初はなんとなく断捨離記録を残しておこうと始めた、インスタグラム。

いつのまにかたくさんの方が見てくださるようになり、共感してくださったり、アドバイスをくださったり。今では生活になくてはならないツールです。

部屋の変化や掃除記録としての写真を載せるだけではなく、客観的に自分の部屋や暮らしを見るきっかけとなっています。

写真を投稿することで、部屋をキレイに保ったり、自炊を工夫したり、「ていねいな暮らし」を続けようと思える原動力にもなっています。

おわりに

父が隊長だったこともあり、小学2年生でボーイスカウトに入団しました。

小さい頃はなにげなく奉仕や野外活動に参加していましたが、今思えばスカウト活動はすべてのことに意味があり、ムダのない経験だったんだなと気づきました。

キャンプでテントを止めるペグ（杭）が壊れてしまったら、適当なサイズの石で代用する。テントを張るロープが足りなければ、自分の持っているロープを継ぎ足して結ぶ。飯盒炊爨《はんごうすいさん》では、計量カップがなくても自分の指や手を使って、水の量を調整する。荷物はなるべく身軽になるように、必要なものを見極めて荷造りする…。パッキングの仕方も、小学生で習得していました。普通の生活より不便に感じるアウトドアでも、工夫を凝らして快適に過ごす方法を学びました。

また、タイムスケジュールの立て方、こなし方…。知らず知らずのうちに、私の暮らしはボーイスカウトで培ってきたことの影響を大いに受けているようです。

自分らしいていねいな暮らしを模索して、早2年。

普通のOLとして暮らしてきた私が、このたびありがたいことに、インスタグラムを通して書籍のお話をいただくことができました。それもこれも、いつも投稿を見てくださり、共感してくださった皆様のおかげだと思っています。本当にありがとうございます。

そして、書籍化するにあたって、何も知らない私を一から導いてくださったすばる舎の皆様、誰よりも出版を心待ちにしてくれていた家族や友人。

私ひとりでは、自分の暮らしを本にするなんてできなかったと思います。ホントにホントにありがとうございます。

本書を読んで、これならすぐに真似できそう！ひとり暮らしだからこそていねいな暮らしを楽しめるんだ！と、少しでも思っていただければ幸いです。

shoko

shoko ショウコ

名古屋市在住。高知県出身。

1K 6畳の標準的なひとり暮らしの部屋で、めいっぱい「ていねいな暮らし」を楽しむ。

幼少時代のボーイスカウトの経験が、今の家事の手際やダンドリに活かされ、暮らしの中にさまざまなアイデアが散りばめられている。

ミニマリストを目指し、日々工夫をしながら暮らす様子は、Instagramで支持され、普通のOLながらひとつの投稿に1000件以上の「いいね！」がつくことも。フォロワー数も短期間で急増。3万人を突破。

本書が初の著書。


Instagramアカウント：nekokoko___

装幀･本文デザイン　齋藤 知恵子（sacco）
撮影　原田 真理
イラスト　みやしたゆみ
写真提供　shoko

狭くても 忙しくても お金がなくてもできる
ていねいなひとり暮らし

2017年12月13日 第1刷発行
2018年 3 月 4 日 第7刷発行

著　者　shoko
発行者　八谷 智範
発行所　株式会社すばる舎リンケージ
〒170-0013
東京都豊島区東池袋3-9-7　東池袋織本ビル1階
TEL 03-6907-7827
FAX 03-6907-7877
URL http://www.subarusya-linkage.jp/
発売元　株式会社すばる舎
〒170-0013
東京都豊島区東池袋3-9-7　東池袋織本ビル
TEL 03-3981-8651（代表）
03-3981-0767（営業部直通）
振替 00140-7-116563
URL http://www.subarusya.jp/
印刷　シナノ印刷株式会社

落丁･乱丁本はお取り替えいたします

ISBN978-4-7991-0671-6